JN253705

話す！聞く！おしゃべりの底力

堀尾正明

日本人の会話の非常識

講談社

はじめに

日本人として史上初めてテニスの四大大会（グランドスラム）シングルスで決勝に進んだ錦織圭《にしこりけい》選手の活躍には日本中が沸きました。

私もテニスを少しかじる人間として、それがどれほどの偉業なのかわかります。誤解を恐れずに言えば、おそらくサッカー日本代表がワールドカップで決勝戦に出るよりもはるかに難しいことです。欧米人より体格や体力が劣ると言われてきた日本人選手が、コート上たったひとりの力で、プロテニス史上初めてグランドスラム大会で世界ランキング1位の選手（準決勝でのセルビアのジョコビッチ選手）を破る日がやってきたのです。奇跡に近いこと、だから感激です。

というのも、テニスというスポーツは個人競技なので、日本人が得意とする「組織力を生かしたプレー」ができないし、コートの広さからして俊敏さや器用さだけで通用するスポーツではないからです。にもかかわらず、日本人がここまで強くなれた。その理由は彼が持っている素質とひと一倍の猛練習、精神力の強さの表れであることは言うまでもありませんが、もうひとつ、世界の舞台で誰の前でも自分の思いを表現できる力を持っていたからだと思います。

彼自身も言っていました。自分はスピーチの練習がいちばん苦手であり、その猛特訓を受けるのが何より苦しかったと。しかし彼のスタッフは、「スピーチを満足にできない人間がプロテニスの世界でトップ10に入れないこと」を知っていました。

だからこそ、コート上だけでなくプレゼンテーションする力を徹底的にトレーニングしていったといいます。

全米オープン表彰式での彼の英語でのスピーチは、見事、さすがでした。そのなめらかな英語力だけでなく、試合相手を称えながら決しておごらない謙虚な姿が感動を与えました。160ヵ国に中継している全米オープン、世界中が日本人の表現の豊かさに感動したことでしょう。それが何よりうれしく感じられました。

ところが、こうした頼もしい若者が出現するようになった反面、それこそ小さいときから、ずっと疑問に思っていたことがあります。

それは、「どうして日本人はこんなにスピーチが下手なんだろう。なぜ日本では、学校教育の中で日本語のスピーチの授業がないんだろう」ということです。

ふだんは話がとても面白い人が、会議や送別会や結婚披露宴など大勢の前で話すと、途端に精彩を欠いてしまう場面をよく見てきました。

私の小学生時代の担任の先生も、自分の教室ではあんなにスラスラ生徒に向かって教えているのに、全校集会でのあいさつになると汗をかきながら驚くほどオドオドと話していました。テレビで国会や地方議会の議員の質疑の様子を見ても、ほとんどの人がメモを読んでいます。

「あ、この人の質問や答弁はあらかじめ打ち合わせをして全部原稿になっているんだな」と、見ている側としては白けてしまうことがよくあります。

ある国会議員の答弁で、「○○先生の質問をお聞きしてわたくしが今ふと思いだすのは、あの事故における甚《はなは》だ遺憾《いかん》な対処の仕方であります」

原稿を読んでいるのに「今ふと思いだしたわけないだろ!」と思わず突っ込んでしまいたくなるのです。「甚だ遺憾」って硬いなー。「とっても残念」って言えよ、と。

本音と建前を使い分けるってこういうことなのかー?

ニュース番組を観ても、司会者は自然に語りかけているのに、それに答える記者の人のしゃべりがひどくぎこちないのはよくあることです。

司会者「○○さん、そちらの様子はどうですか?」

記者「9月に入って最初の日曜日の今日、多くの家族連れなどでにぎわっているここ○○では先ほどから、じゃんけん大会が始まっており、幼稚園児から小学校高学年の子どもたちがわれこそはとかけつけて参加しています。子どもたちの表情はみな一様に笑みを浮かべ、楽しそうな面持ちで参加しています」

とにかく言葉が硬い、表情も硬い、司会者が「どうですか?」と聞いているのに、「はい」とか「そうですねー」のひと言も言わずにそれを無視して「9月に入って最初の……」と答える不自然さ。しかも、「一様に笑みを浮かべ」なんて、たかがじゃんけん大会なのに硬いなー、ふだんはそんなふうに言わないだろう、と突っ込みたくなるリポートをしています。おまけにときどき手に持った原稿を見ながら。司会者の自然な質問が、かえってとても浮いて聞こえてしまうことさえあるのです。

じつは、私自身もそうでした。

ふだんの会話では、友達からも「おまえの話は面白い」と言われていましたが、グループディスカッションや忘年会や披露宴でスピーチを頼まれると、自分らしく話せなくなってしまうのです。話しても受けないのです。決して受けだけを狙っているわけでもないのに、うまい言葉が出てこないし何より気持ちが上がってしまってひどいものでした。ですから私はスピーチをするたびに落ち込みました。

しかし大学受験までは筆記試験で関門をくぐり抜けてきたので、それでも特にそんなに不自由さはなかったのですが、就職試験になっていきなり「面接重視」になり、自分のこの会話力では就職試験には絶対に通らないととてもあせりました。

自己PRや志望動機や今後の目標や社会問題への意見などなど、面接官の前で、堂々と自分の主張を伝えなければならない、でも、そんなこと、つまりみんなの前で自分の意思をわかりやすく整然と言葉で伝えることなんて、今まで誰にも教えてもらってこなかったから、できるわけないのです。

私はなんとか運よくＮＨＫに入ることができましたが、面接日までわずかな日数しかなく、何度も何度も友達と面接の練習を積み重ねたとはいえ、まさにつけ焼き刃のトレーニングだけでごまかして入社しました。

ですから、NHKに入ってからもずーっと考えてきたのです。

こうした日本人の日常会話と公の場での不自然な会話とのギャップは、どうして起きるのだろうととても不思議に感じていたのです。

アナウンサーという仕事柄、いくらスピーチが不得手でも人前やカメラの前でしゃべらなければならないから、私の苦難の人生が始まりました。

今思いだしても顔が赤くなるようなミスを犯したことが何回あったことか。私に対する視聴者からのクレームもほかのアナウンサーよりも多かったようです。不思議なもので、紅白歌合戦やオリンピックの司会など大きな番組を担当させてもらった華やかな思い出よりも、ローカルニュースでミスをしたことのほうがじつにはっきりと覚えているのです。

NHK福岡放送局時代、ラジオブースに入り、自分が担当するラジオニュースの本番がまだだと思って、気合いを入れようと音声スイッチを入れて自分の声を確かめながら大声で発声練習をしていたら、それが本番の放送だったのです。

リスナーのみなさんはニュースの時間に、私の「ア！　エ！　イ！　ウ！　エ！　オ！　ア！　オ！」を1分間ほど聞かされたことになります。もちろんクレームの嵐でした。そういう思い出ばかり私の記憶に残っています。

それにしても、なぜ日本人はこんなにも話し下手なのか、プレゼンテーションが苦手なのか、英語の勉強を何年やっても話せないのか。調べていくと、私たちにはさまざまな「言葉の壁の歴史」があることがわかったのです。

この本では、そんな私自身がためになった知識や経験、日本語の歴史を初めて紹介させてもらいました。スピーチ力のなさで悩んでいる人や日本語に疑問を持っている人、他人の話を上手に聞くことができず人間関係がうまくいかない人に読んでいただきたい。この本を読むと、少しでも自信を持って他人に接することができるのではないかと自負しています。

なお本作は、「日刊ゲンダイ」で2013年10月から1年間、コミュニケーションの秘訣を綴った連載コラムが土台となっています。連載中は、担当の井上泰寿さんと構成の鈴木裕也さんが、私からさまざまなエピソードやノウハウを引きだしてくださいました。単行本化にあたっては大幅に加筆しましたが、その際には講談社の呉清美さんに大変お世話になりました。この場を借りてお礼を申し上げたいと思います。

2015年1月

堀尾正明

目次

第4章

第7章 話す！ 日常会話でおしゃべりを鍛える

話す！　聞く！　おしゃべりの底力

日本人の会話の非常識

構成協力　鈴木裕也

第1章

おしゃべりの底力を見た

五輪招致を達成させたスピーチコンサルタントの教え

２０１３年９月７日、２０２０年夏季五輪開催地が決まるＩＯＣ（国際オンピック委員会）総会での日本代表のプレゼンテーションの映像は、とても感動的でしたね。

ロゲ会長が白いカードをひっくり返し、無表情に「トウキョウ」とぼそっと言ったシーンは、これからも何度もテレビなどで流れることでしょう。

「会長、あなたももっとうれしそうに言えよ！」などと、ひとりテレビに突っ込みを入れながら、明け方にもかかわらず「よっしゃー!!」と、大声を出してガッツポーズをしていました。

よくよく考えてみれば、オリンピックが東京開催になったとしても今日、明日の私の仕事は変わらないし、ふだん歩く街の様子も、いつも見慣れている八百屋のおじさんの人生にも変化はないのですが、でもうれしかったー。

小学校３年生のときに味わった東京五輪のなんとも言えないあの高揚感、日本が、世界が、だんだん明るくなっていくような漠然とした期待感、あのときの思いをまた味わえるのかと思うと掛け値なしにうれしい。もちろん高度成長期であった日本とは全然違うかもしれませんが、国にひとつの大きな目標ができたことは「失われた20年」などと昨今の自虐史観を持っている日本人には、妙薬になったことは間違いありません。

そして、その大きな果実をもたらしてくれたのが、あの五輪招致メンバーの見事なプレゼンテーションだったのです。流行語大賞にもなったように、あのプレゼンこそが、これからの日本人が外国の人たちにどう接していけばいいか、その意識を変えたといっても過言ではないと思えるのです。

滝川クリステルさんが「お・も・て・な・し」と手の動きを入れてから、ゆっくりと両手で合掌するジェスチャーは、「日本人はそんなことしないのにな」と思いながらも、とてもカッコよく見えましたよね。

でも、その成功の裏には大きな「戦略」があったのです。

「心を揺さぶる」プレゼンの基本

日本人のプレゼンを指導したのがスピーチコンサルタント、マーティン・ニューマンさん（当時49歳）。背が高く、名優ユル・ブリンナーを彷彿とさせるスキンヘッドと豊かな表情、同時に人なつっこさを持ち合わせている人物。インド生まれロンドン在住、プレゼンのエキスパートとして、２００７年にプーチン大統領のソチ五輪招致のためのスピーチを担当したり、イギリスのキャメロン首相やウィリアム王子の指導も行っています。

今回の招致の中で私が特に見事だと感じたのは、スピーチのトップバッターを務めたパラリンピアンの佐藤真海《まみ》さん（当時31歳）です。日本の中でもそんなに知られていない女性です。

そんな彼女のひと言ひと言が、世界中の人に感動を与えたことは言うまでもありません。私はＴＢＳのスタジオでおふたりにお会いする機会がありました。

真海さんは大学生のときに骨肉腫になり右膝下を切断、現在はサントリーホールディングスの広報に勤めながら、走り幅跳びなどで活躍するアスリートです。

招致最終ステージでの笑顔のプレゼンは、世界中に感動を与えました。その一部をご紹介します。

「私が19歳のとき人生が変わりました。（略）

がんで脚を失いました。もちろん辛かった。（略）

ですが、私は大学に戻り陸上競技を始めたのです。

しかし、2011年3月11日、津波が私の故郷の町を襲いました。（略）

私はいろいろな学校からメッセージを集めて故郷に持ち帰り、私自身の経験を人々に話しました。食料も持って行きました。ほかのアスリートたちも同じことをしました。私たちは一緒になってスポーツ活動を準備して、自信を取り戻すお手伝いをしました。

そこでスポーツの力を見ました」

それではここから、佐藤さんとニューマンさんにうかがったお話を再現してみましょう（――は著者）。

――あの4分間のプレゼンはどのようにしてできたものなんですか？

佐藤真海　話の骨子は私が決めました。でもニューマンに徹底的に鍛えられ、最初のかたちはほとんどなくなりましたね（笑）。

マーティン・ニューマン　彼女は、メダリストでもなければ、有名な役職・肩書を持っているわけでもない無名の女性、でも誰よりも一生懸命努力する姿を私に見せてくれました。その努力こそが成功のカギでした。私が強調したのは、パッション、気持ちをこめて話しなさい。ただし、その気持ちがみんなに伝わるように表現しなければ意味がない、ということでした。

――ニューマンさんが話の内容に手を加えたんですか？

ニューマン　いいえ、私の創作などまったくありません。でも人生を4分間に凝縮してスピーチしなさいと話しました。

――どのくらい練習をしたんですか？

佐藤　何十時間もやりました。でもニューマンは、英語の文法や発音などいっさい気にしなくていい。それより気持ちを大事にしてほしいんだ。辛いときの思い出は、辛かったという表現をしなければ伝わらないんだよ、とくり返しました。

たとえば、私が大学生のときに脚を失くしたときのことは、私自身はもう乗り越えられた過去だったので、スピーチのときもさらっと笑顔で話そうとしました。そうしたら、ニューマンが、それは違うよ、マミって言うんです。

ニューマン　そう、だって、そんなに苦しい思いをしたマミの気持ちを世界中のたくさんの人に伝えるときに、笑って話されたらその気持ちが人の心の中に入っていかないんだよ。だから、4秒間の「間《ま》」をとれって指導したんです。

――4秒間？　ずいぶん具体的ですね。

ニューマン　そう、3秒は短すぎる。5秒は間延びする。過去の辛い話をするときは4秒間沈黙をし、静かに過去のことを想起するんだ、とアドバイスしました。

佐藤　信じられないんですが、本番でその話をしたとき、今まで経験したことのない感情がやってきたんです。でも実際は4秒じゃなくて3秒ちょっとぐらいだったかな（笑）。

――そうでした。あの4秒の「間」に佐藤さんの悲しそうな顔がアップになり、バックには佐藤さんの過去の写真がスクリーンに映しだされて、私たちもぐぐっと話に惹きつけられましたよ。

ニューマン　そうです。人は他人に話をするときに、いかに自分の情熱を伝えられるかが重要です。いくら心をこめて話しても、その心が伝わらなかったら意味がない、だからそこに戦略が必要になってくるんです。

――たしかに、前回2016年五輪招致に失敗したときは、東京の活動には情熱が感じられない、「エモーションが足りない」とIOCから揶揄《やゆ》されたことがありました。でもあのときだって招致メンバーは相当な熱情をこめていたと思いますが、ニューマンさんの指摘するレベルまでは表現ができなかったのでしょう（ステージ上だけでなくロビー活動も含めてですが）。

本番直前まで練習していたんですか？

佐藤　そうです。本番ギリギリまでやってました。最後のほうは、昔のことを思いだしてボロボロ泣きながら、そしてときにはふたりでスピーチに音階をつけて、まるでミュージカルみたいにしながら練習しました。

ニューマン　私とマミが、ある意図を持ったパフォーマンスを作り上げていったんです。ただ、戦略的に構成していくものを、いかに自然に見せられるか、それが重要です。そして、いかに客観的に自分の姿を観察できるかが大切です。だから私たちはビデオをくり返し観て時間を計り、数十回も練習しました。

要するに、相手に自分の心の中のことをきちんと伝えることこそが「おもてなし」の精神なんです。日本人は、その心をたくさん持っているのにもかかわらず、表現が下手な人が多い。だから、私のようなインストラクターが必要なんです。

——具体的に、ほかの日本人の招致メンバーにはどんなアドバイスをしたんですか？

ニューマン　まずリラックスするためには呼吸法がとても大事です。深呼吸を何回かすることです。

そして笑顔を作ること。アジア人は笑顔が苦手です。次に目線。どこで、いつ、誰に置くかです。肝腎なところでは、会場にいるＩＯＣ委員を見るのではなく、カメラ目線を意識させました。そのほうが会場内の大型ビジョンに映るうえでインパクトがあるからです。聴いている人が、私に話してくれているんだ、と思えるからです。

また、プレゼンのフレーズを大声で唄ってもらうトレーニングもしました。唄うことによって英語の抑揚を学べます。言葉に表情が出てくるのです。

よいプレゼンは言葉以上に人間性が伝わる

――では、日本人がプレゼンをするうえで、足りないと感じるところはどこですか？

ニューマン　今回の招致の成功によって、表現が不得意と言われてきた日本人が、大舞台で魅力あるプレゼンができることを全世界に証明しました。英語の発音なんて下手でいいのです。だから失敗するのを恐れずに、勇気を持って話しかけることが先決です。

伝えることとは、温かさややさしさ、親しみやすさです。人は言葉を忘れてもその人の人間性は忘れられませんから。プレゼンというのは、体と体のコミュニケーションなのです。

佐藤　私もスピーチの練習をくり返すうちに、新たな感情が込み上げてくるのがわかりました。脚の治療で入院しているとき、ともに励まし合った友人の死や、東日本大震災で未曾有の被災をしながらも私を応援してくれた故郷・気仙沼の人々の笑顔を思いだし、涙が次々にあふれてきたのです。

とても不思議な体験でした。つまり、心の中身を言葉にするというより、話すことによって自分の本当の心のうちを感じるのです。

――ところで、滝川クリステルさんの「お・も・て・な・し」はどうして生まれたのですか？

ニューマン　あのパフォーマンスは、日本的というよりアジア的なポーズを考慮してやりました。実際日本人はあんなことをしないと思いながらも、何がいちばん世界に伝わりやすいかを考えたのです。クリステルさんは見事に演じてくれました。

以上が、おふたりとの主なやりとりの内容です。

ニューマンさんの話を聞いているうちに、私は故・中村勘三郎さんの言葉を思いだしていました。

「歌舞伎は、かたちから入ります。幼い頃から型を仕込まれます。なぜなら、かたちを徹底的に作ることによって、そこに心が入ってくるのです」

コミュニケーションとは、言葉の往復ではなく、体と体のやりとりである、みなさんも心当たりがあるのではないでしょうか。

イ・ビョンホンさんのナイスフォロー

もうひとつのエピソードを紹介します。それは韓国人のスターがいかに言葉にこだわり、言葉の魅力を大切にしているか私が目の当たりにしたからです。

ＮＨＫにアナウンサーとして入った以上、大晦日の「紅白歌合戦」の総合司会に抜擢されるのは大きな目標のひとつです。特に私のようにエンターテインメント系が好きだったアナウンサーにとって、紅白の司会はその頂点の仕事でもありました。

計らずもそれが実現したのが、２００４年、私が「サンデースポーツ」のキャスターを務めていたときでした。

この年は、アテネオリンピックで日本が当時史上最多の37個のメダルを獲得し、日本中が大いに盛り上がりました。夏の甲子園で駒大苫小牧高校が北海道勢として初めて深紅の優勝旗を持って帰った年でもあり、土曜夜のドラマ「冬のソナタ」が大ヒットし韓流ブームが始まった年でもあります。

私自身この年の夏には、アテネオリンピックの開会式の実況も担当し、スポーツキャスターとして地固めをしていたときだったのにもかかわらず、大晦日の紅白の司会も命じられたのです。

夏季オリンピックの開会式実況という重要な仕事を担当するだけでも栄誉なことなのに（アテネの会場ゲストは星野仙一さんでした）、その年の紅白の司会に指名されるとは、大げさに言うならば、ＮＨＫのアナウンサーにとって芥川賞と直木賞を同時にとったような（実際はどちらかの賞しかとれませんが）、そのくらい身にあまる光栄なことでした。

ＮＨＫのアナウンサーは専門職の集団ですから、スポーツ、報道、芸能、情報、教養、と役割分担ははっきりしていてグループごとの垣根も非常に高く、ＮＨＫの長い歴史の中でも、五輪の開会式を実況中継したアナウンサーが、紅白の司会を担当したことなど一度もありません。しかも４年に一度しかない夏季五輪のキャスターと国民的番組である紅白の司会を同じ年に担当するとは。

「ＮＨＫでのおれの仕事はここがピークだなあー」

当時、率直にこう感じたものでした。

かつて紅白を11回担当し名司会者として大活躍した山川静夫アナでさえ、オリンピック中継とは無縁でした。

「本当におれでいいのかな？」そう思うのも無理はありません。

紅白歌合戦で見せた感動のスピーチの舞台裏

ところが、10月に起きた新潟県中越地震の被害が甚大だったので、紅白歌合戦も自粛ムードが漂う中で行われることになりました。

象徴的だったのは、毎年豪華絢爛な衣装（ほとんど舞台装置と言ってもいい）で登場してきた小林幸子さんが、ド派手な衣装をやめ質素な着物姿で「雪椿」を唄いました。そのうえＳＭＡＰも「ある事情」で紅白出場を辞退したり、いろいろな意味で例年よりも派手な演出は控えられた印象がありました。

さらに、その年にＮＨＫは、元紅白プロデューサーの公金不正流用問題が大きくなったため受信料不払いも広がっていき、当時の会長辞任コールが大合唱され、そうした逆風を乗りきるためにも一年の締めくくりに国民のみなさんに楽しんでいただこうと、スタッフは例年以上に力をそそいでいきました。

私は総合司会を務め、白組司会は阿部渉アナ、紅組司会は小野文恵アナ、紅白史上数回しかない司会陣全員がＮＨＫアナウンサーという布陣でのぞんだのです。


この年はなんといっても韓国ドラマ「冬のソナタ」が大ヒットして、日本に韓流ブームが本格的にスタートしました。その後さらにそのブームが広がっていったことは周知のとおりです。紅白でも韓国のスターを呼ぶことになりました。

しかし、冬ソナの主役、ペ・ヨンジュン氏とチェ・ジウ氏の出演がスケジュールの関係でうまくいかず、実際に紅白に出場したのは国民的俳優イ・ビョンホン氏でした。

彼は当時ＮＨＫで放送していたドラマ「美しき日々」の主役でもあり、日本でも大変な人気で「韓流四天王」のひとりとして、CMやファンイベントに引っ張りだこ、写真集が即日完売するくらいのスターです。

ただ歌手ではないので、2分間のメッセージだけをステージの上で発表するというごくシンプルな演出でした。ところが、そのたった2分間の見せ方への彼のこだわりには驚きました。

演出側としては、単にスピーチをするだけだから、10分ほどのリハーサル時間を予定していたのです。しかし、結局30分以上、立ち位置はここでいいのか、カメラは何台あって、どこから映すのか、このコメントのときは私の顔のアップで撮ってほしい、このコメントのときは会場のお客さんを撮ってほしい……などなど、本来はNHK側が考えるべきことを、彼は自分自身で積極的にスタッフに要求していたのでした。

そして見事に本番では、素晴らしいスピーチを届けてくれました。

「こんばんは、私は韓国から来た俳優イ・ビョンホンです。

韓日国交正常化40年を記念して、メッセージを伝えるために来ました……韓国と日本は物理的に距離が近いように、今後もさらに近くなり、愛情あふれた関係が続いていけばいいなと思っています」

自身の出演映画がバックの大型スクリーンに流れる中、視聴者に語りかけてくれました。

スピーチだけでこんなに人を感動させることができるんだなーと、私は改めて「言葉の力」を感じました。字幕スーパーに流れる話の中身だけでなく、彼の誠実な語り口や表情や身振り手振りも含めて驚くくらい洗練されているのがわかりました。

紅白の打ち上げのときに、私は勇気を出して彼に聞きました。

「どうして2分間の短いスピーチなのに、30分以上もリハーサルをするんですか?」

すると彼は怪訝な顔をして、

「え、30分って長いですか? 私はいつもこのくらいリハーサルをしていますよ。大晦日の国民的な番組でも、日常的な番組でも、2分間のスピーチだったとしても、テレビに出演させていただくだけで幸せなことだし、見てくださる方に少しでも感動していただくように、常に完璧を求めているのです。それがプロです。

だから歌でもスピーチでも演技でも、自分が納得するまで練習をしなければなりません。多くの人を感動させる立場の人は努力を忘れてはいけないのです」

なるほど、だから彼のスター性は衰えないのか。

そしてイさんはつけ加えました。

「あ、それから堀尾さん、司会お疲れ様でした。ひとつ気になることがありました。NHKの私が出ている番組タイトルを『素晴らしき日々』と紹介していましたが、『美しき日々』が正しかったんですよね。あれ、わざと間違えたんですか？　だって『美しい』よりも『素晴らしい』のほうが日本ではランクが上なんでしょ？」

そうなんです。私は紅白の本番でイさんを紹介するときに、

「NHKドラマ『素晴らしき日々』でもおなじみイ・ビョンホンさんにお越しいただきました！」

と言ってしまったのです。「美しき日々」が本当のタイトルなのに、私は間違えてしまったのです。

私も紅白終了後けっこう落ち込んでいました。

それを私に「気にしなくてもいいですよ」という気持ちで、「ランクが上の日本語を使ってくださってありがとう」と慰めてくれたのには本当に感動しました。

それから6年経ち、TBS放送の「IRIS－アイリス－」というドラマのキャンペーンで、イさんが私のニュース番組に出演され、「あのときの、『素晴らしき日々』の司会の方ですね」と、やさしい微笑みでイさんのほうから語りかけてくださったのにも感激しました。まさに、彼の「言葉の力」をまざまざと見せつけられた気がしたのです。

ヘレン・ケラーの「伝える力」

私が「言葉」について考えるとき、いつも頭の中をよぎるのがヘレン・ケラーのことです。目が見えない、耳が聞こえない、話せない、の三重苦の偉人。まさに奇跡の人です。

ヘレンが初めて「言葉」の存在を知ったのは7歳のときでした。

彼女の家庭教師サリバン先生は、毎日毎日、ヘレンの片手にものを載せてはもう一方の手にスペルを書いて「文字」の存在を教え込もうとしました。

人形を持たせては、手のひらに「DOLL」と書き、水を触らせたり飲ませたりしては

「WATER」と書いたのです。でもヘレンにとってはその行動が理解できずに、人形やコップを壁に投げつけ大暴れをします。ヘレンには先生が何をやろうとしているのか理解できないのです。音がない世界、映像のない世界にいる彼女にとって「言葉」の存在などまったく想像できないものでした。

そんな空しい日が何日も続きました。

ところが……、映画や芝居などで有名になったシーン、そう、ヘレンが生まれて初めて「もの」に「言葉」があることを知った瞬間が訪れるのです。回想記のその場面を、いまだに私は忘れられません。

ある日、サリバン先生はヘレンと散歩に出かけます。道の途中に井戸がありふたりは休憩のために井戸の近くに座ります。周囲の景色も見えず、すぐそばに川が音を立てて流れていても、もちろんヘレンはその音も聞こえず、ただただサリバン先生というひとりの厳しい人間が、いつも自分のそばにいるとしか思っていませんでした。

このとき、サリバン先生は、いつものようにダメもとで、井戸の水を両手ですくい上げてヘレンの手にかけました。そしてもう片方の手のひらに「WATER」とスペリングしました。そしてまたすぐ続けて井戸の水を手のひらにすくい上げてヘレンの片手に流しました。そしてまた「WATER」と今度は少し強く早く書いたのです。

それを何回かくり返しました。サリバン先生も必死です。「また今度も理解できないか」とあきらめかけたそのとき、まさに奇跡が起きたのです。

ヘレンに「言葉」が降りてきた瞬間でした。

「私の片手に入っているこのひやっとする感覚のものが、WATERと、もう一方の手に書かれているものなんだ」と雷に打たれたようにひらめいたのです。

ヘレンにとっては「WATER」という字を目で確認できませんから、正確に言えば、手のひらの「WATER」となぞられた手の上の感覚と、ひやっとした感覚のものが、イコールなのだ、と理解できたのです。そのことをサリバン先生は私に教えているんだ、と確信しました。

このときの「言葉」とは、「書き言葉」でもなく「話し言葉」でもなく、「手のひらの触覚言葉」とでも言いましょうか、感覚の一致だけに頼ったものでした。

ヘレンは狂喜乱舞しました。「そうだったんだ。今までコップを持たされ、片手にCUPと書かれたあの感覚は、これが一緒のものだよ、ということだったんだ！」と生まれて初めて知ったのです。このときから世界が明るくなりました。ヘレンの回想記によると、その夜は、あの瞬間から自分の人生が変わり、あまりにうれしすぎてなかなか床につくことができなかった、とあります。

私たちが何気なく使っている「言葉」を獲得するために、ヘレンにはどれほどの苦労があったのか再確認させられるエピソードです。

同じ言葉でも人それぞれ受け取り方が違うわけ

では、ヘレン・ケラーは私たちに何を教えてくれたのでしょうか？

とても大事なことを示唆しているのです。

それは言葉の持つ偶然性とでもいうか、「不完全さ」を教えてくれているのです。ヘレンは「自分の手のひらにさわった冷たい物体」を「水」という「手の上に書かれた感覚」と理解したわけですが、では、少しぬるいお湯を触ったときに、サリバン先生が「ＨＯＴ ＷＡＴＥＲ（お湯）」と手に書いたら、ヘレンは、水のようなものだけど温度が高いものを「水」ではなく「お湯」と書くんだな、と思うでしょう。

でも、もしそれもサリバン先生が「水」と書けば、ヘレンは、温度に関係なく手のひらに流れるような物体はすべて「水」という表現をするものなのだ、と理解するのです。

英語で「熱い」を「HOT」と言いますが、「からい」も「HOT」ですね。ヘレンがもし、「熱いお湯」を飲んだときも「からい水」を飲んだときも、「HOT WATER」と教えられたら、「とにかく口の中に入る熱かったりピリッとするものはすべてHOT WATERと言うんだ」と理解するでしょう。

何が言いたいかと言うと、言葉とは「感覚を喚起する記号にすぎない」ということです。その感覚とは、その人の経験や理解の違いなどによって異なるので、ひとつの言葉によって喚起されるものには個人差があるのです。

たとえば、「さかな（魚）」という言葉から、みなさんはどんな姿が目に浮かびますか。

水族館で泳ぐイワシの大群を想像する人もいれば、マグロのような大きな魚をイメージする人もいるでしょう。スーパーに並んでいる「切り身」を思い浮かべる人もいれば、寿司や干物や缶詰の食材を考える人もいるでしょう。漁師だったら、延縄《はえなわ》に引っかかった大漁の様子、釣り好きなら、釣り上げてピチピチはねる様子かもしれない。

映画『ジョーズ』を観たばかりの子どもは、「魚」と聞いただけで恐怖感を覚えるかもしれないし、芸能人の「さかなクン」を思い描く子がいるかもしれない。

「私は魚は嫌いだ」と言う人がいたとしたら、魚を食べるのがいやなのか、見るのが嫌いなのか、触ること、またその臭いに抵抗があるのか、肉と比べて苦手なのか、などなど個人によって全然違う内容になるのですね。

さらに、言葉は「時代」によっても解釈が変わります。

江戸時代に「魚をとる」と言ったら、せいぜい一本釣りか小舟で捕獲するか浜辺で網を仕かけるか、でしょうが、現代の「魚をとる」は大型漁船でマグロやカツオを仕留める様子や大型延縄船なども思い浮かべられます。

つまり、私たちが肝に銘じておかなければいけないことは、「言葉とは、不完全な道具である」ということです。「時代」によっても「地域」によっても違うのは当たり前だし、同じ日本という国に同時代に生きている者同士でも、「魚」というひと言でさえ解釈が異なってくるのです。

だから「言葉で伝える」ためには、言葉そのものを投げかけるのではなく、「相手に伝わるためにはどうしたらいいのか」を必死に考えることが大切になってくるのです。

「あの人は言葉をたくさん知っている」ということは、単に「語彙力（言葉の数）」があるのではなく、相手に伝えるための「道具としての言葉」つまり「表現力」を持っているということなのです。

ヘレン・ケラーは、話すのでも書くのでもない、もっともっと不自由で「曖昧な」言葉を使いながら、天才的なコミュニケーション力を持ちました。そして偉大な社会福祉家になりました。彼女の表現力はまさに「奇跡」的なものだったのでしょう。

余談ですが、ヘレン・ケラーはサリバン先生の強いすすめで戦前の日本に来た際、昭和天皇と会っています。戦後も2度来日し、87歳で亡くなった後、日本政府から勲一等瑞宝章が贈られているのです。

長屋で身につけたコミュニケーションのイロハ

私は幼少の頃から、ほかの子どもより口数は多かったほうだと思います。それは育った環境によるものが大きいでしょう。父の仕事の関係で、小さい頃から全国を転々としてきました。小学校だけでも4回替わっています。

父は室蘭工業大学の学生時代に、戦時中の中国に渡り鉄やマンガンの試掘をしていました。引き揚げ後も全国各地の鉱脈を渡り歩き「一攫千金」を狙っていたといいます。

そのため、母は苦労しました。ひとつの土地に1年から長くても2年しかいないし、一度山に入ると数ヵ月も帰ってこない、母はパートをしながら子どもをひとりで育てていたと言ってもいいでしょう。

人は他人の中に置かれて初めていろいろな感情を学べる

鉱山を試掘するためには多額なお金が必要で、父の借金はかなりあったようです。当然、住まいは毎回鉱山近くの長屋の仮住まい。母は朝から晩まで外で仕事をし、そのうえ、ふた間しかない長屋のひと部屋を学生さんにまた貸しして下宿代をとっていました。当時は、家のまた貸しが許されていた時代です。

その男子学生さんふたりがとてもやさしくて、私が幼稚園に行くときには靴下をはかせてくれたり、着替えさせてくれたり、まるで兄のように接してくれました。

また、私が家に帰ってくると、今度は近所のおばさんが必ず台所に立っているのです。しかも日替わりで違うおばさんが。今思うと、母親が頼んでいたのでしょう。「うちの子はカギっ子だから、ちょっとうちにいてやってよ」と。

ただ、おばさんたちも他人の子どもだからといって遠慮なんかしません。ときには、私が駄菓子屋で買ってきた着色料たっぷりのお菓子を見て、「何度言ったらわかるの、こんなもの買ってきたらダメだって言っているでしょ!」とひっぱたかれたり、別のおばさんは、「あんたの母さんが悲しむわよ、情けない!」とすごい形相で、そのお菓子を私の目の前で捨てたこともありました。

「なんで母親でもない人にここまでされなきゃいけないんだ」と恨んだこともしばしばです。また、一緒にお風呂に入って幼稚園で習ったことを話したり、買い物についていったりと、「本当の僕の母親は誰なんだ」と疑問に感じたことさえありました。

土日になると、お巡りさんがよくうちに上がりこんで、ちゃぶ台をはさんで母親とお茶を飲んでいました。「おい、正明、この拳銃持ってみるか」と、今から思うととんでもないことまでやらせてもらいました。

私は家族というより、こうした地域の人に育てられてきたのです。そんなふうに、幼い頃から家族以外の他人と常に会話をしていたので、私の「おしゃべり」度合いは増していったようにも思えます。

「今日はどんなことがあったの？　あんたのお父さんは今どこにいるの？」と質問攻めにあうことも多かった。さらに、「このおばさんと、あのおばさんは仲が悪いんだな」とか、「今日は機嫌がいいな、家で何かいいことあったのかな」なんて、子ども心に観察するようにも。ませた子どもになっていったんですね。他人との距離感をどうとっていけばうまくいくのか、コミュニケーションのイロハがこの頃から育っていった気がします。

家族は血のつながりが基本です。動物は自分の子どもを可愛がりますし、小さいうちは子どもも親のそばを離れようとはしない。となると、社会性を持った本来の人間的な関係は、血縁以外のところで醸成されることが多いのです。

人は血縁以外に共同体を作ることにより、他人の温かさややさしさ、あるいは憎しみや嫉妬、そうした普遍的な感情を学んでいきます。人と人の世界は、余計なお節介、仲間外れ、噂話など、面倒くさいことであふれているなー、と私も何度思ったことでしょう。

しかし、多くの他人に育てられた経験をしてきたから思うのです。今の日本、ネット社会で隔絶されがちなナマの人間関係をあえて復活させることが、これから豊かな社会を作るうえで大事になってくると思えるのです。そう、現代版の「長屋」の復活です。

長屋では、醤油や砂糖や米の貸し借りは日常茶飯事、返ってこないこともあるけれど、それはそれ。他人が自分の家に入ってくれれば、せっかく家族でくつろげると思っていたのにと不満も出てくる。でもそこをちょっと我慢する。こうした寛容な気持ちの積み重ねが、将来大きなプラスになって何かを生みだす原動力になるのです。

たとえば、第4章で紹介する私がかつて司会をしていた「ご近所の底力」での取り組みのように、「自分の住んでいる地域からはひとり暮らしの孤独死を出さない」「空き巣やひったくり被害を出さない」「ゴミの分別をきちっとする」「花いっぱいの街にする」「引きこもりの若者を外出に誘う」などなど、地域のひとりひとりが志を高く持って行動することで、コミュニケーション豊かな社会が今からでも出来上がっていくのではないかと思います。

ネットやゲーム、携帯電話にコンビニエンスストア、漫画喫茶やネットカフェ、今の日本には「孤独になる装置」があふれています。だからこそそうした地域社会にあえて「長屋コミュニケーション」を作りだし、フェイストゥーフェイスの人間関係を広げていくことこそ、「ご近所コミュニケーションの底力」の土台なのです。

アナウンサーにだけはなりたくなかった

前述のように、私は子どもの頃からおしゃべりでしたが、アナウンサーという仕事は、私の人生の選択肢にまったく入っていませんでした。いや、むしろ嫌いなほうの職業だったのです。

特に男性アナウンサーについては「男のくせにベラベラしゃべって恥ずかしくないのかな」とさえ、半ば蔑視に近いものを感じていたくらいです。

しかも、ふだんからスピーチなどに自信もなければ自分の才能も感じていなかったので、人生で一度たりともアナウンサーになるなんて考えたこともありませんでした。

私は一浪して早稲田大学に入学すると、芝居に没頭しサラリーマンになる気などみじんもなく、ただ漠然と演劇で多くの人を感動させようと目論んでいたのです。

芝居の稽古などで満足に単位がとれず、4年で卒業は断念。留年して、文学座の研究生になり、俳優座映画放送部にも所属、20種類以上のアルバイトをしながら舞台やテレビドラマにチョイ役で出演していました。今から思うと、もっと自分で脚本を書き舞台制作を手がけることに没頭すればよかったのですが、そこまでの情熱や行動力が当時の私にはありませんでした。

ただただチャンスは必ず向こうのほうからやってくる、と信じていた。言ってみれば「極楽とんぼ」だったのですね。

一方で、友達が次々と就職していく姿を横目で見ながら「なんて夢のないやつらだ」と、自分の不安定な立ち位置を正当化しようと必死だった気がします。まさに地に足がついていなかった時代でした。

そんな悶々としていたある日、芝居をやっている仲間が大学の就職課に日参しているところに出くわしました。

「おれ、そろそろ安定した仕事を見つけるよ。だって、芝居じゃ一生食えないし結婚もできない、おまえもそろそろ考え直したら」

まわりを見回してみると、あれほど芝居で食っていくんだと意気込んでいた仲間が次々と就職を決めていく。正直、私は焦りました。このままアルバイトをしながら私だけ漠然とした夢に向かって突き進んでいくか、おれはどうするんだ、なんて悩んでいるときに

「おまえも一度くらい就職課に行ってみたら」と芝居仲間に誘われたのです。

1浪2留でも受けられたのがNHK

その友人と就職課に足を運びました。そうしたら、現実を見せつけられて驚きました。1浪2留（1年浪人して2年留年している）で3年もダブっている私は年齢制限にひっかかり、ほとんどの企業は受験できないということがわかったのです。だいたいの企業は2年ダブリまででした。おまけに当時は「学校推薦制度」があって、いわゆる一流企業は大学の推薦状がなければ申し込むことさえできない。

愕然としました。サラリーマンにまったくなる気がなかったので、そうした重要な情報も今の今まで知らなかったのです。馬鹿でした。つまり、1年浪人して2年も留年している私を推薦なんてしてくれるわけがない。

「やっぱり、芝居に生きていこう」と考え直していたとき、就職課の人が「堀尾君、NHKのアナウンサー職だったら、学校推薦もいらないし4年間のダブリまで受けられますよ。きみは3年ダブリだもんな。ただし、倍率が毎年何百倍だから相当難しいとは思うがね」

え！　アナウンサー？　冗談じゃない、テレビやラジオでみんなの前でペラペラしゃべる仕事なんて男のやることじゃない、第一おれはテレビ局に入るならドラマの演出をやりたいんだ、などとぶつぶつ言っていると、就職課の人が「まあ、受験してもまず受からないから、当たって砕けてみたら？　ディレクター職は推薦状がないと受けられないけど、NHKの場合、アナウンサーとして入社してからディレクターに担務変更した例もあるからね」

そうかー、だったらとりあえずアナウンサーで受けてみて、アナウンサーとして入社してから大河ドラマの演出家に転向しよう、と生来の極楽とんぼ気質を発揮し受験に臨んだのです。

その頃の多くの日本の企業は余裕があったのですね。というか、運がよかったというか、超ラッキーというか、難関を突破しNHKに拾っていただきました。

あとからNHKの人事の人に聞いたのですが、その年のNHKは「即戦力にはならないが、ちょっと変わったやつをアナウンサーに採用しよう」という方針だったと聞きました。たしかに同期12人の男性アナを見ても、アナウンス研究会やセミナーを受けた人間はひとりもいない、容姿も滑舌もそんなによくないやつばかりが採用されていたのです。アナウンスセミナーなどに真面目に通っていた学生は全員落としたそうです（同期のみんな、バラしてゴメンなさい）。

　こうしてひょんなことから私は計らずも、なりたくなかった「アナウンサー」として仕事をすることになりました。

　合格の報告を就職課にしにいったら、案の定、ひどく驚かれました。「こんなことってあるんだねー、冗談半分にすすめたのにー、しかもきみは哲学科だろ？　これは奇跡と言っていいんじゃない！　ねえ、堀尾君、きみの合格は多くのハンディーを負った苦学生の励みになるから、大学新聞にリポートを書いてよ」と大騒ぎ。

　こうして私は、なんとか卒論も間に合い、まさにぎりぎりの成績で6年間在籍した大学を卒業し、ＮＨＫの最初の赴任地、北九州へと赴いていったのです。

　言うまでもなく、アナウンサーとしての勉強も訓練も受けていなかった私は苦労しました。赴任先の先輩からも「よくおまえがアナウンサーに採用されたな」となかば憐れまれながら仕事をしていきました。

　あれから33年、あれほどドラマのディレクターに変わろうと思っていた私が、いまだにアナウンサーを続けています。その理由をひと言でいえば「しゃべることがものすごく難しくも魅力的だったから」です。

映画やドラマは映像で人を感動させます。小説は文字で想像をかきたてます。では私は「話すこと」で人の心を揺らすことはできないだろうか、数多くの番組にかかわりながら、そんなことを考えるようになっていました。

アナウンサーはお笑い芸人やタレントに勝てない

さて、みなさんは「話すことが上手」ですか?

ふだん友達と話しているときはけっこううまく話せるんだけれど、会議などの大勢の前だとからっきしうまくないや、という方が多いのではないでしょうか。

人の話を聞いていて、

「よくわからない話だな」「この人何が言いたいんだろ」「話に切れ目がなくて長いよな」「カタカナ語が多すぎてよくわからない」「言葉自体が聞き取りにくくて、もう少しはっききり発音してくれないかな」「声が小さすぎて聞こえない言葉があるから、もっと自信持って話してほしい」「その話、新聞に載ってたけれど、本当に自分の意見なの」「抽象的な話が多くてさっぱりわからないから、具体的に話してほしい」

などと思ったことは誰にでも数多くあるでしょう。

自分のことを棚に上げてこう感じることが多いのは、日本人は話し方の訓練をまったくといっていいほど受けてこなかったからです。

なぜ、テレビは「書き言葉」にこだわるのか

「本音と建前」の社会の中で、建前で語る場合は「書き言葉」が中心でした。つまり誰かに重要なことを伝えるには、「書かれた文章」を声に出して読み上げるのが当たり前だったのです。

国会での質疑応答、安倍晋三総理大臣の「集団的自衛権の行使容認」についての記者会見もそうでした。結婚式のスピーチ、葬式の弔辞、などなど書いたものをみんなの前で発表してきたのです。

私は、ＮＨＫ時代からいつも疑問に思っていました。

どうしてテレビ記者なのに、原稿を読むんだろう？
キャスターが「話し言葉」で語りかけているのに、どうして臆面もなく「書き言葉」で答えられるんだろう。どうして視聴者に対して自然に語りかけて伝えられないのだろう？どうしてテレビの報道局は「話し言葉」でリポートができる人材を育てないのだろう。私は、その疑問を今でも持ち続けています。

たとえば、ニュース番組のキャスターが、スタジオから現場にいる記者に中継で呼びかけます。

キャスター　オリンピックが東京に再びやってくるのか、その決定が間もなくあります。それでは現場にいる○○記者に中継で伝えてもらいましょう、○○さん！

記者　はい、○○です。私は今、スペインのマドリードとトルコのイスタンブールと東京の三つ巴になった２０２０年の夏季五輪の開催地決定が、もう間もなくわかる決選投票を迎えたローザンヌの会場にいます。

もし決まれば56年ぶり2回目の開催となる東京でのオリンピックを、招致してほしいと願う多くの国民の期待をいっしんに担って、招致メンバーのプレゼンテーションが、投票権を持つおよそ100人のIOC委員にどんな影響を与えるのか、会場につめかけた各国の関係者がかたずをのんで見守っています。

文章で書くとあまり違和感はないですが、このリポートは書いた文章をそのまま読んでいるわけですから、音で聞くと非常にわかりづらいのです。

要するに、このリポートで伝えたいのは「オリンピックが東京に招致されるかどうか、多くの人が会場で注目している」ということなのです。

ところが、「ローザンヌの会場」という地名の前に「スペインのマドリードと〜決選投票を迎えた」という長ーい形容句がついているし、「各国の関係者がかたずをのんで見守っています」は、よくニュースで使う常套句で抽象的な表現だし、招致メンバーがどんなプレゼンテーションをするのかを期待しているのか、IOC委員がおよそ100人も投票するのを強調したいのか、何がいちばん言いたいのかがわからない。

第一、話し言葉としては文章の中のひとつのセンテンスが長いのです。また主語と述語が離れすぎていて、何が結論なのかがわかりにくいのです。

話し言葉の自然なリポートで伝えるとこうなります。

「はい、私はスイスのローザンヌの会場にいます。間もなく２０２０年の夏のオリンピックがどこで開かれるか決まります。

候補地は３つに絞られました。東京か、スペインのマドリードか、それともトルコのイスタンブールか、の３都市です。もし東京に決まれば56年ぶり2回目の開催となります。

各国の招致メンバーは、自分の国でオリンピックが開かれることの利点をこれからプレゼンテーションします。それを判断するのは、投票権を持つおよそ１００人のＩＯＣ委員。さて、どんなプレゼンになるんでしょうか。会場につめかけた各国の関係者は、小声で携帯電話で話したり、配られた資料に目を落としたり、隣の人とひそひそ話をしたりしています。もう間もなく決選投票前のプレゼンが始まります」

どうでしょうか？

「言葉力」のあるアナウンサーだったら、右のようなリポートをするでしょう。

でも、現実は、昔も今も「書き言葉リポート」が横行しているのです。

なぜか、その理由を根幹からたぐっていくと、やはりテレビ報道は新聞報道から生まれてきたという「出自」の問題があります。多くのテレビ局は新聞社の子会社として発足しました。テレビ局の社長など執行体制も、新聞社からの出向や転籍組が多いのです。

つまり、テレビ局は新聞社の子会社だった（今もそうです）歴史が影響しているのです。だからテレビ局の報道部門は、親会社である新聞社に負けないように特ダネを取材し独自で原稿を出してきました。

そこで原稿を書く記者も、それをチェックするデスクも、「新聞記事」のような完成度を求めて記事を書いているのです。そのほうが「信頼性があり重々しい」記事に見えるからです。

裏返して言えば、話し言葉の原稿は「軽々しくなる」ような気がするからです。記事として「カッコよくない」記事に見えるからです。

映像とコメントが合っているかどうかは二の次、とにかく、間違いなく過不足なく正確に速く伝えることに主眼を置いてきました。

結局、「このニュースをどう表現したら、テレビを見ている人（視聴者）によりわかりやすく伝わるんだろう」という発想は現場ではなかなか持てないのが実情です。

「アナウンサー」とは日本にしかない職業

ただ最近はようやく、「話し言葉」を意識した原稿を書ける記者やデスクも出てきました。特に、ワイドショーなど情報系の番組が率先して「話し言葉によるニュースショー番組」を手がけてきたので、それにつられるように報道番組も変わりつつあるようです。が、しかし、私から言わせれば、まだまだ「書き言葉」の呪縛が解けていない、それが日本のマスコミ界の現状です。

書き言葉から脱出できないもうひとつの理由は「書き言葉は効率的で、音声化したときも時間を削減できる」からです。

おそらく視聴者側も、そんな書き言葉によるちぐはぐなやりとりさえも、長いテレビの視聴習慣で慣れっこになってしまっているので「アナウンサーじゃなく記者の人がリポートするんだから、硬い書き言葉を使っても仕方ないでしょ。訓練されていないでしょうから大目に見てあげよう」と思っている人が多いようです。

でも、多くの国民に影響を与えてきたテレビ界が率先して「話し言葉」で伝えないと、特に若い人の言葉に対する意識は変わりません。

本当は、小中学校の国語の教育課程でその勉強をするべきなのですが、文部科学省にはいまだにその発想がありません。「プレゼンテーション力」なんて「人生経験の中で自然に身についていくものだ」と、高をくくっているのでしょうか。

放送局の「アナウンサー」という職種があるのは、先進国の中では日本だけです。ほかの欧米のテレビ・ラジオ局は、ディレクターや記者が画面に出てきて話し、その中から司会者やキャスターが生まれていきます。

外国メディアの人からよく聞かれるのは、「アナウンサーって何する人?」です。初めから「アナウンサー」という職種を採用する日本の放送局は、不思議に思えるらしいのです。

最近ますます、お笑い芸人やアイドル出身のタレントが司会を務めている番組が多くなってきているのに驚かされます。なぜかと言えば、彼らはみな「話し言葉」で「自然に」「面白く」プレゼンができるからです。それは漫才やコンサートなどのライブで鍛えられてきたからでしょう。

彼らは、どう話せば、目の前にいる人たちに説得力を持って伝えられるかを知っているのです。

アナウンサーは「話し言葉のプロ」ですから、もちろんフリートークで伝える訓練を受けます。プロのアナウンサーでも、大学時代まで「話し言葉で伝える」なんてことを意識してこなかった人がほとんどなので、テレビ局に入ってから一生懸命「不自然な書き言葉で伝えるのはやめよう」と努力するのです。

でもアナウンサーが話すと「どこか硬いな」と言われます。

ニュースは正確にわかりやすく伝えられても、フリートークはお笑い出身の司会に比べて「真面目すぎて面白くない」とも言われます。「発声発音が美しすぎて、かつ破綻がなさすぎて伝わらない」とも言われます。

アナウンサーからすると「じゃあ、どうすればいいんだよ」って話ですよね。

第2章

聞く!
2000回のインタビューでつかんだコツ

相手とすぐにうちとける秘密兵器

私は今まで多くのゲストとお会いして、ほかの人より少しは話を引きだすのがうまいほうだと自負をしてきましたが、この方の前でだけは、自分がインタビュアーであることを忘れて私自身のことをペラペラしゃべってしまうという方がいます。そう、『聞く力』がベストセラーになった阿川佐和子さんです。

阿川さんとは今まで何度かお会いしました。なかでも阿川さんが聞き手の週刊誌の連載コーナーにゲストとして呼んでいただいたときは、とっても気持ちよくペラペラ話しまくったことを覚えています。

ですから、今度は私が担当しているTBSラジオ「土曜朝イチエンタ。堀尾正明+PLUS!」のゲストとして出演してくださったときは、絶対に阿川さんの「手のひら」には乗らないぞ、聞き手に徹するぞ、と決心して臨んだのにもかかわらず、私はなぜか自分の恋愛話をとうとうとしてしまったのです。

ゲストから話をふられて私自身が調子に乗ってしまうという、インタビュアーとしては大失態？の場をつくってくださるのは阿川さんだけでしょう。

『聞く力』にもくわしく書いてありますが（この本はじつに面白い）、阿川さんのスタンスは「自分は大した人間ではない」「自分は何も知らない」と心から思って相手に対峙しているところにあります。だから知ったかぶりをしない（たとえば、プロ野球球団のヤクルトがセ・リーグのチームだということを知らない〈笑〉など）。そして、何より相手の心に寄り添うのが巧みです。

「あらー、面白い」「それで男・堀尾は頭にきたわけだ」「きつかったねー」

と話のあいだにはさみ込むあいの手のタイミング、言葉の選択、顔の表情、目線の向け方、声のトーン、笑い方、理解できないときはマジでキョトンとする、などなど、いろんな面で私自身も勉強になるのです。まさにインタビューの達人です。……なのにこれまでどうして決定的なお相手が見つからないのか！（失礼、でも阿川さん自身もおっしゃっていますから）

そんな阿川さんから学んだことも含めて、私なりの「聞き方」のこだわりを詳述していきます。

私はかつて、「スタジオパークからこんにちは」（NHK総合テレビ、以下スタジオパーク）というお昼の生番組の司会を務めていました。そこでインタビューさせていただいたゲストの数は2000人以上にのぼり、取材ノートが何十冊にもなりました。ノートには反省も必ず書きます。今読んでも汗だくになりそうなエピソードもありました。

この番組以外に「誰だって波瀾爆笑」（日本テレビ系列）などでもインタビューの機会は少なくなく、「聞き上手になりたい！」と私自身も必死に精進してきたわけです。

相手の本音を引きだす「聞き方」

ところで、「聞くこと」は「話すこと」に比べて受動的なことと考えがちです。しかし、「話し上手は聞き上手」という言葉もあるとおり、コミュニケーションにおいては「聞く」側の能力がとても重要であり、かなり能動的な作業なのです。

なかでも、会話を進めるにあたって、聞き手の言葉選び、つまり「聞き方」はとても重要ですね。聞き方ひとつで話し手が気持ちよく話せるかどうかが変わってくるからです。

たとえば、あなたの会社で自分の部署に異動してきた上司に対して、同僚に感想を聞く場面を想定してみましょう。そして、次にあげるふたつの質問の違いについて考えてみてください。

①「田中部長って、部下に遅くまで残業させる主義らしいよ、おまえどう思う？」

②「田中部長って、部下に遅くまで残業させる主義らしいよ、おまえ、子どもが生まれたばかりで子育て大丈夫か？　大変になりそうだな」

①が客観的に相手に投げかける普通の聞き方なのに比べ、②の質問の仕方は、相手の立場を考慮した「共感をともなう」質問の仕方です。つまり「田中部長が来たら、おまえの子育てに支障があるかもしれないなー」と相手の気持ちを代弁し、「おまえも大変だね」と同情する気持ちも入っています。

質問されたほうも「そうなんだよ、おまえもそう思うよなー、田中部長が来たら子育てと仕事の調整が難しくなるなー、いやだなー」と本音で話すきっかけにもなります。

さらに相手は、「おまえこそ大丈夫かよ、夜のスポーツジムに行けなくなるぞ」とこちらのことまで心配してくれるかもしれない。話が広がりやすい質問なんですね。

それに対して①の聞き方の場合、聞き手の感情が入っていないので、より客観的な情報を引きだすためには有効な質問の仕方ですが、下手をすれば紋切り型なので「尋問」のようにもなりかねないのです。「どう思うって？　どうも思わないよ、あー、いやだなー、最悪だな」と逆に心を閉ざしちゃうかもしれない。

つまり、質問によって相手の本音を引きだすためには、

・自分の感情をうまく乗せながら、相手の気持ちに寄り添う言葉を選ぶ
・共感を呼ぶ言葉で質問する

ことが大事です。

いやな思い出を語ってくれたラモスさん

要するに、質問は相手の気持ちを確かめるだけの行為ではないということです。質問することで、自分の気持ちも表明でき、相手の本音も引きだすことができるのです。そうした質問によって、常に質問された人に共感を呼び起こすことができれば、会話もスムーズ

に進むし会話そのものが楽しいものになるでしょう。そういう質問術を身につけることができれば、あなたは多くの人に好かれ、あなたの周りに多くの人が集まってくるでしょう。質問の仕方ひとつで人間関係がいっそう深まるのです。

そのことを痛感した私のエピソードをひとつ紹介します。

元サッカー日本代表のラモス瑠偉さんは、私のことを「本当にサッカーが好きなスポーツキャスター」と信頼を寄せてくれています。もちろん、私自身が高校時代に本気でサッカーに明け暮れたサッカー小僧ということもありますが、じつは私が「スタジオパーク」でラモスさんに聞いた、たったひとつの質問がラモスさんの心を開くことになったのです。

ラモスさんには苦い体験があります。彼は、20歳でブラジルから来日し、鳴り物入りで読売サッカークラブに入団しました。そして来日後の試合では、常に日本中のサッカーファンがブラジル出身の選手がどんな華麗なプレーをするのかと、注目していました。

ところが、そんな公式戦デビューから日も浅い試合でラモスさんは相手チームの選手と接触プレーになり、相手が倒れて大袈裟に痛がったため、ラモスさんにレッドカードが出て「一発退場」になってしまったのです。

客観的に見ても「あれがファウルかな」と首をかしげるくらいの微妙な判定でした。ところが、レッドカードが出た瞬間、相手選手がラモスさんに向かってニヤリと笑ったそうです。それを見て腸《はらわた》が煮えくり返ったラモスさんは、その相手選手をピッチ上で追いかけ回してしまった。その後、その一連の行為に対して、前代未聞の「1年間出場停止」という重い処分が下されてしまったのです。

普通、この程度のことなら厳しくても「2～3試合の出場停止」くらいですむはずです。それが1年間試合に出てはいけないなんて、日本のサッカー界全体から、「もうブラジルに帰れ！」と言われたようなものです。当時は、やはり助っ人外国人選手に対する妬みや差別があったのは明らかだと彼は強調します。

そのラモスさんが「スタジオパーク」のゲストにいらしたとき、私はラモスさんに「あの1年間の出場停止は相当ひどかったですね」と聞きました。「あんなことあり得ませんよ」と半ば怒りながら私は質問しました。

もしかしたら、昔のいやな思い出について話したくないのではとも思いましたが、当時から私が抱いていた正直な感想だったので、ストレートに質問をぶつけてみたのです。

するとラモスさんは、「スポーツジャーナリストでそんなことを聞いてくる人は滅多にいなかった」と、改めて非常に喜んでくれました。

女手ひとつで5人兄弟を育ててくれた母に家を買ってあげたくて、お金を稼ぐために日本にサッカーをやりに来たのに、いきなり1年間も出場停止となってしまった苦しさや、そのファウルとされたプレーの詳細について、今まで聞いたことのないような話をたくさん話してくれました。

私がこのとき、仮に「出場停止はひどかったですね」ではなく、「出場停止のときはどう思っていましたか」と客観的に聞いていたら、ラモスさんはどう答えてくれたでしょうか。

私があのプレーについてどう考えているのかを、ラモスさんはわからないまま答えなくてはいけないわけですから、ラモスさんの答えも慎重にならざるを得ないでしょう。「いい思い出ではないですね」とか「ひどいと思ったけど、もうすんだことだからね」と、距離を置いて客観的に答える可能性が高いはずです。

でも、サッカー小僧だった私は、怒りを爆発させてピッチで相手を追いかけ回したラモスさんにかなり共感していたので、あの判定に対してストレートに「あれはひどかったですね」と感情的に質問しました。

ラモスさんはきっとこのとき、私がサッカーに詳しくて、過去のこの事件もナマで見ていて、どの程度のジャッジなら正当だったかを語れる勉強をし、かつ自分の味方であることも理解して、率直な思いを話してくれたわけです。


相手から正直な気持ちを聞きだすためには、その人の気持ちになって考える「共感力」が大切です。そのとき自分ならどう考えただろうか、そのとき自分ならどう感じるだろうかと、相手の気持ちになってみる。そうすれば、「どう思ったか？」ではなく「こう思いませんでしたか？」という質問も浮かんできます。

もし相手がそのとおりに感じてくれていたら、「そうなんだよ！」という展開になり急速にふたりの距離は縮まりますし、もしもそう思っていなかったとしても「じつはそうは思わなかったんだ。なぜならね——」と、その理由を話してくれるはずです。

そして、質問の仕方ひとつで、「この人、私のことをちゃんと考えてくれる人なんだ」と思われるのです。相手に投げかける質問力こそ「人間性の表れ」にもなります。いい聞き手になるためには、「共感力」をともなう言葉選びが重要なのです。

新人時代に受けた視聴者からのクレーム

私の「聞く姿勢」の原点のひとつともなったのが、ＮＨＫ時代に体験したクレーム対応から学んだことです。

ＮＨＫの視聴者は株式会社で言えば株主に当たるわけですから、各番組に対して「あんな放送をしていたら金は払えねえ」という反応も多くなります。今は、視聴者からのクレームの7～8割はメールで届くと言われていますが、私がＮＨＫにいた時代は電話や手紙によるクレームが大半で、私自身も何度クレームの対象となったことかわかりません。

ＮＨＫ入社13年目に大阪から東京に転勤になり、お昼の生放送番組「スタジオパークからこんにちは」の司会者として出演したての頃は、「あれでもアナウンサーなのか、ゲストに対して不遜なことを聞くな！」「アナウンサーを司会者にしろ！　わけのわからないタレントを使うな！」と、まったく認知度がなかったこともあり、さまざまな的を射たお叱りを受けました。

「堀尾アナウンサーが今日着ていたジャケットは、たしか1ヵ月前と同じものじゃないんですか？　司会者なんだからもう少しおしゃれをしてください」なんて苦情もよく来ました。

そして私自身が直接電話でクレームを受けたことも何度かありました。

そうした場合、本人であることを明かすわけにもいかないので、声色を使って対応します。「すいません、おっしゃるとおりですね。でも彼もいろいろ視聴者のみなさんのために努力しているんですよ」とあくまでやさしい口調で話しました。

相手の怒りを鎮める方法を発見

これらの体験で習得したことがまさに「聞き方」だったのです。苦情電話にしても、訪問セールスにしても、バリトンの低い声でかつゆっくりとした口調で対応していると、不思議と納得してもらえることがわかってきたのです。

そして相手の苦情を徹底的に「聞くこと」、そのうえで「認める」ことがとても大事だということもわかりました。

「そうですよね、私ももう少し彼にはおしゃれになってほしいと思っているんですよ」

「あなたの指摘は的確ですねー、必ず堀尾に伝えますから」などと、相手の言葉に「寄り添う」気持ちが何より大事です。相手がどんな不躾な無礼な態度をとっても決して怒らないことです。相手が怒っている原因はいったい何なのかを「ひたすらつかもうとする」ことが大切です。

電話をかけてきた相手が疲れるまで話を聞くと、不満を持って電話をしてきた相手が最後には、「これからは気をつけてくれよ。応援してるんだからね」なんて言ってくれたりもする。

会話をていねいに続けることで、相手も不思議と落ち着いてきて「ちょっと言い過ぎたかもしれない、ごめんなさいね」と態度が柔らかくなっていくことが多いのです。

苦情電話への対応に、何かコミュニケーションのヒントがあるのではないかと考えるようになったのはそれからでした。

社会科学者のマイケル・ポランニーという人は、その主著『暗黙知の次元』（ちくま学芸文庫、高橋勇夫訳）で次のように書いています。

私たちのメッセージは、言葉で伝えることのできないものを、あとに残す。そしてそれがきちんと伝わるかどうかは、受け手が、言葉として伝え得なかった内容を発見できるかどうかにかかっているのだ。

つまり、スムーズなコミュニケーションが成り立つためには、必ずしも完璧とは言えない相手の言葉の意味をくみ取って聞く、聞き手の努力が必要ということなのです。苦情を言っているこの人の本来の趣旨、本当の気持ちはなんなのか「行間を読む」ことがとても肝腎になるのです。

まさに、相手が言葉として伝え得なかった内容をあなた自身が発見できるかどうか、にかかっています。

私自身が苦情をたくさん受けて以来、もしも自分がクレーム電話をかけている人だとしたら、どんな気持ちになるだろうかを考えて話を聞くようにしました。そしてできるだけ低い声で、ゆっくりと相手に信頼を与えるような話し方で、相手の不満を吸い取るように聞くことにしたのです。すると不思議と、相手の不満の本質を見極めることができるようになってきました。

そうやって、実際にクレーム電話の対応を続けて学んだのは、「相手の気持ちになって聞く」ことの大切さでした。トーク番組でゲストから話を聞きだすときにも「相手軸に立って聞く」ことを、必ず心がけるようにしています。

ですからこの章ではこうして、私が学んだ「相手の話を聞くために心がけること」を説明していきたいと思っています。

みんなこれで失敗する「決めつけ聞き」

何度も言いますが、相手に何かを聞くときには、その「聞き方」が大事です。聞き方によっては出てくる話も出てこない場合があるし、逆に聞き方が上手だと、想像以上の話が飛びだしてくることもあります。

梅雨明けの海開きのニュースの中で、浜辺にいる海水浴客の子どもに取材者がマイクを向けるシーンがよくありますね。

「海は楽しい?」「うん、楽しい」

「泳ぐの好き?」「うん、好き」

「また来たいですか?」「うん、来たい」


こうしたやりとりを私は「オウム返しの術」と呼んでいます。

取材者が、相手が子どもということもあって「海は楽しい、泳ぐのは好き、また海に来たい」と決めつけてマイクを向けるという、予定調和の最たるインタビューです。もっとも子どもが「全然楽しくない」「もう二度と来たくない」と答えたらニュースには取り上げにくいとは思いますが(笑)、でもかえって視聴者は微笑むかもしれませんよね。

お相撲さんへの勝利インタビューにも「オウム返しの術」はよく見られます。


「金星おめでとうございます」

「上手《うわて》を先にとることは初めから考えていたんですか?」「そうっすね」

「それにしても速い相撲でしたねー!」「そうっすね」

「初めての金星、相当うれしいんじゃないですか？」「そうっすね」

「緊張はしたんですか？」「そうっすね」

「また明日も頑張ってください」「そうっすね」


もっとほかに聞き方はないのかい！　と思わずテレビに突っ込みたくなるようなインタビューが多いですよね。

「しょうゆとソースはどちらが好きですか？」

「ソースね」と思わずギャグインタビューをしたくなります。

でもじつは、私たちはこの「オウム返しの術」をけっこう日常的にも使ってしまう傾向があります。

言葉を換えれば「決めつけ聞き」です。相手にオウム返しを期待しているか、または、予想してしまっている聞き方です。

これは正確に言えば「聞く行為」ではなく、相手に「同調してもらいたい」だけの言葉のやりとりにすぎません。よく道端で交わされる「今日は天気がいいですねー」「そうですねー」と同じレベルの会話です。

しかしこの術は、本音を聞けずに終わることが多いのです。

新卒面接でのその質問、間違ってます

「決めつけ聞き」で失敗する例をあげてみましょう。

就職の採用面接で面接官をしたという、ある大手の印刷会社の人事部にいる私の知人が、こんなことを言って憤慨していました。

「最近の若者はなんて自己アピールが下手なのだろう。こちらが何を聞いても『はい』『いいえ』しか言わないんだよ」

面接官の彼は、ある就活生の履歴書の自己アピール欄を読んで、ボランティア活動という文字が気になりました。活動の内容は、スーパーやコンビニで賞味期限が切れそうな食材を回収して、ホームレスに無償で渡すというものでした。4年間続けたそうです。これは有名なボランティア団体の活動で、彼も経験したことがあったので、格好の会話のネタと思い就活生に質問しました。

「君はそのボランティア団体で4年間も活動していたんだね」

「はい、そうです」

「4年もよく続いたね」

「はい、自分でもよく続いたと思います」

「そうか、やはりボランティア活動に昔から興味があったんだね」

「はい、そうですね。昔から興味がありました」

「じつは私もこの活動を若いときにしたことがあるんだよ」

「そうですか、それは奇遇です」

「…………」

「…………」


こうした面接の会話の内容だったようですが、知人はひどく憤慨していました。

「せっかく私があの有名なボランティア団体の話をふったのに、彼は全然のってこないんだよね、会話が短いんだよ。最近の若いやつは情熱がないね」

たしかに、この就活生も、ひとつの質問に対しての答えが短すぎるきらいがあり情熱がないと思われてしまうのは当たり前です。ただ、その前に質問者の質問の仕方がまずいですよね。

まさに「決めつけ聞き」です。これでは就活生も話しにくいでしょう。

たとえばこう聞けばよかったでしょう。


「なぜ君はそのボランティア団体で活動するようになったんですか?」

「どうして4年間も続いたと思いますか?」

「あなたは、ボランティア活動をして何を得ましたか?」


などと、話を引きだせる質問の仕方はたくさんあるはずです。

もしかしたら、就活生からすれば、あまりしゃべりすぎてマイナスイメージをつけられたくないという気持ちもあったから、答えを短くしたのかもしれないのです。

人事部にいる面接官だったら特に、もっともっと就活生が話しやすい質問をしなければいけません。自分の質問力がないのに「最近の若いやつは……」という言葉を発するのはやめましょう。

聞き方によって「答え」が変わる

同僚が婚約したらしいという噂が社内に流れていたとします。あなたはこれを確かめたい。だからといってその同僚に「お前、婚約したんだって?」と聞いた場合、「うん、そうだけど、それが何?」と逆にそっけなく答えられて後の質問が続けにくくなることも。

しかし「お前、なんか最近幸せそうじゃん。何かいいことあったんだろう?」と聞いたらどうでしょう? 「そうかなー、いや、じつはさ〜」と婚約したことをうれしそうに話すかもしれません。「そうかな? いつもと変わりないよ」と答えてきた場合にも、「ウソつけ、婚約したって噂で持ちきりだぞ」と返せば、きっと恥ずかしそうに語り始めることでしょう。

自分が相手の情報を知っていても、その情報をあえて相手の口から直接出してもらうことによって、本音を引きだしやすくなります。

トーク番組を長いあいだ続けてきた私も、インタビュー前はどうやって話を引きだそうかあれこれ考えます。質問の仕方ひとつで、会話の流れが変わってしまうことを経験上思い知らされてきたので、常に本人の言葉で心のうちが語られるように、「決めつけ言葉」

は使わず、答えやすい質問をするように心がけています。

雑談がうまい人はじつは「聞き上手」

話し上手になるにはどうしたらいいでしょうか。

それはずばり、「日常生活の中でいかに会話を面白がれるか」にかかっていると言ってもいいでしょう。

たとえば、あなたの友達の中でも、「あいつに会って話したいな」とたまに思う人がいませんか？　そういう友達はどういう人物かを分析すると、

①知識があって話のネタ（話題）をたくさん持っている人
②どんな話題にも独自の見方、複眼的分析ができる人
③私のことに関心を持ってくれる人

④私の言うことをよく聞き、認めてくれ、私の話をふくらませてくれる人
⑤ユーモアがありときどき笑わせてくれる人

どうでしょう？　こんな友達なら、いつ話しても楽しいでしょうね。

こういう魅力的な人間になるためには、さまざまな経験を積み、想像力を豊かにし、相手の立場に立ってものごとを考えられるようにし、そしてユーモアのセンスを磨く。さらに聞き上手になり、自己主張もきちんとする。

あなたの会社にこんな人がいたら、その人は出世すること間違いなしでしょう。

そんな人の日常会話を聞いてみると、じつに面白い。つまり、日常生活のちょっとした会話にも耳を傾けてしまうくらい雑談が上手なのです。

最近は、「雑談力」という言葉が重宝がられるくらい、「日常会話の鍛え方」が注目されています。

「人志松本のすべらない話」（フジテレビ系）というテレビ番組を見たことがありますか？　ダウンタウンの松本人志さんを中央に、お笑い芸人たちが円卓を囲んで、自分が経験したことを3～5分程度話して、笑わせたり、唸らせたり、感心させたり、必ず「オ

チ」をつけて話題を提供する。

この番組でうけるのは、突飛な経験よりも、何気ない自分の周囲で起こったこと。それを身振り手振りを交えながら熱弁をふるう、まさに「雑談力」のコンテストのような番組です。

ほかに、明石家さんまさんが司会の「踊る！ さんま御殿!!」（日本テレビ系）にしても、出演者が自分のエピソードを披歴して「雑談力」を競う形式の番組が長い期間愛されています。

こうした番組を観ると、加工も演出もされていない、ただただ人が「話す」だけのスタイルなのに人気が衰えないのは、やはり「人は人の話を聞くことそのものが好きなんだなー」とつくづく感じるのです。

映像や音声を駆使してインパクトを与える映画や、ドラマ、音楽などに比べても、ひとりの人間から発せられる「言葉力」がどれほど影響を与えるのかもわかるでしょう。

行き詰まったら違う分野の人と雑談する

だから、まずはあなたの日常生活の話から面白くしていきましょう。

そう、「雑談力」を身につけるのです。

「雑談」とは、いろいろ入り交じった意見や話題をごっちゃに話すことです。さまざまな見方やスタンスが異なる話が出れば出るほど盛り上がる。

ところが、日本人は他人と違った意見を言うのは不得手なようで、相手の主張に同調しながら「そうだね」「なるほどね」などと予定調和のまま話が進む雑談が多く見られます。

ただ、「意見」とは「異見」でもあり、おたがいにいろいろなものの見方をぶつけ合うことによって話に輝きが増し、意外性のある方向に進んで個性的な結論になったりするものです。

だから、会社や仕事上のことで、行き詰まってなかなか出口が見えなくなったら、「まったく違う分野の人と雑談をしろ」とよく言われていますね。同じところをぐるぐる回っている人は別の道が見えなくなってしまっているので、雑談によって新しい道を発見できることがあるのです。

これは心理カウンセリングのやり方に似ているのです。

カウンセリングでは、徹底的に聞き役に徹して、相手の悩みを引きだし、それを言葉にさせて感情も喚起させる。どんなことを聞いても受け入れる。

「私、先日、幽霊と話したんです」と言っても、そんな馬鹿な……と頭から否定しない。「もしかしたら本当に話したのかもしれない」と信じようとすることが重要なのです。

「えー、幽霊ってどんな顔をしていた？」「あなたは幽霊になんて話しかけたの？」

真剣に聞いてあげれば相手もだんだん思いだしてくるはずです。

「もしかしたらあれは幻を見たのかもしれない」と。

鏡役に徹することが心理カウンセラーの鉄則だともいいます。「こうしたほうがよかったんじゃないか」「こうするべきです」という「指示療法」はあくまで上からの押さえつけのアドバイスにすぎず、逆に、こちらは何も提案をせずに相手の姿を映しだしてあげることだけに専念する「非指示療法」が、カウンセラーの基本なのです。

つまり「聞き上手」になること。

聞き上手になるためには、「相手と同じ目線（立場）に立ち、自分を相手の身に置き換えて、親身になって」聞くことです。相手が心を開くまで、じっと待つことができるかどうかも大切な要素です。

じつは雑談上手な人は、心理カウンセラーと同じことができる人なのです。つまり話し上手というよりは聞き上手な人です。

雑談がうまい人は他人からいろいろな意見を引きだすことができるから、より多くの情報もつかむことができるし日常生活が豊かになる。どんなに馬鹿馬鹿しいと思われる意見であっても、それをいったん受け入れることが肝腎です。


「おれ、来年までにノーベル賞をとるんだ」と友人が言ったらどうしますか?

「へー、すごい研究しているんだね。その研究のこと教えてよ」と言えるかどうか。

しかも、馬鹿にすることなく相手の話を真剣に聞くことができるかどうか。

「なぜこの人はここまで自信を持てるんだろうか」と、もっと研究のことを聞いていくと、これまで自分が気づかなかったことがたくさんあることに驚くのです。

したがって、雑談が始まると私は聞き役に回ることを心がけています。

なぜなら、聞くことは情報を取材することでありインプット行為であるのに対して、話すことは情報を提供しているアウトプット行為、だから「聞き上手」になり雑談力が増すということは、生身の人間から知識を得ることなのです。

「えーそんなことってあるんですか!　もっと聞かせてくださいよ」

「そんなこと全然知らなかったです。もっと話してくださいよ」

聞き上手な人に会うと、こんな会話をいつもしているのがわかります。
こう言われれば話すほうも悪い気はしないから、どんどん話をしてしまうでしょう。
雑談の極意はまず「聞き上手」であることです。

「すぐ解決したがる男」「話を聞いてほしい女」

近年の脳ブームで、「男性脳・女性脳」という分け方がよく言われるようになりました。この脳科学の視点からの行動学は実に面白い。脳を詳しく研究することによって自分自身を知るための有効な分析ができると思います。

私が担当しているラジオ番組で、脳科学者で医学博士の中野信子さんと話をする機会がありました。中野さんのお話は示唆に富んでいて、ずーっとうかがっていると、今までの自分の行動のひとつひとつの理由がわかるような気がしてじつに興味深い。

中野さんによると、われわれすべての行動は脳の働きに左右されていますが、男と女では、決定的な脳の作りの違いがあるといいます。わかりやすい例で言うと「性欲」の違いです。性欲をつかさどる中枢は、男性は女性の2倍だそうです。だから男はこの中枢に影響を受けやすいのです。

たとえば、性ホルモンにテストステロンというのがあります。これは性欲を満たしたいという願望を起こすもので、視床下部からその分泌を促すよう命令が出て、精巣で作られています。このテストステロンを男性が女性の10~20倍持っているので、男性は女性よりも「エッチをしたい」という気持ちになりやすい生き物らしいです。ことほど左様に男性脳と女性脳の違いはたくさんあります。

会議が面白くないのは男性脳のせい

男性脳の特徴をひと言でいえば「空間の把握や分析を司る部分が発達した論理脳」。女性脳の特徴は「コミュニケーションを重視する共感脳」。

たとえば、何か商品にトラブルがあり、さっき買い物をしたデパートにクレームの電話をしたとします。女性は的確な問題の解決を提案されるよりも、話をできるだけ長く細かく電話で聞いてくれた担当者を優秀なスタッフと思うそうです。

一方男性は、すぐ問題を解決するための手立てを示すスタッフを優秀だと思います。つまり女性は、問題を解決するよりも苦しい状況やその思いを誰かに聞いてほしいという、感情の充足を求める脳を持っているということなんですね。

会社で言えば、男性脳は結論まで一直線に向かって話すのは得意で、会議などでのプレゼンには向いているけれど、脱線した会話や雑談に弱いところがある。

女性脳は目的に向かって理詰めに話すプレゼンには向いていないけれど、話題があちこちに飛んでも同時並行的に会話を進めるのが得意です。もちろんこれは脳科学の話で、女性でも論理的な話が上手な脳を持っている人はたくさんいます。ただ経済活動を支える現実社会では、男性脳的な能力が重用される傾向にあります。

多くの企業の場合、会議は退屈で、面白味に欠けるものです。会議自体がルーティーン化して　結論に向かって進むことだけが目的となりやすいことが、その一因でしょう。これは、心理学用語で「キャナリゼーション（水路づけ）」と言うのですが、土の上を水が流れるとき、何度も同じところを流れているうちにそこがだんだん深くなり、いつも同じ道を通ってしまうように、ヒトの脳も同じことをくり返す傾向にあることを言います。

また、個性的な意見がとおりにくいというのも、会議を退屈にしている原因かもしれません。

「シェリフの実験」というヒトの同調行動についての心理学上の有名な実験があるのですが、これは知覚の自動運動現象（暗い部屋で光の点をじっと見ていると、実際には動いていないのに動いているように見える現象、ある種の錯覚）を利用した実験です。

まず3人のうち、それぞれにひとりで暗室に入って光点の動きの長さを報告してもらいます。その後、3人ひと組で暗室に入ってもらい同じように光の動きの長さを報告してもらう。すると、その長さは、ひとりひとりで入ったときの報告は3人ともバラバラなのですが、3人で同時に入って光の動きを話し合ってもらうと、3人が報告する長さが同じになってくるのです。つまり、他人に影響されてみんな同じ長さに合わせてしまうのです。

男性脳は論理的思考が強いがために、なかなか非論理的な発想を受け入れにくいのでキャナリゼーションに陥りやすく、シェリフの実験のようにみんながみんな同じような結論に達したがる傾向にあります。効率やコスト削減を至上命題とした資本主義社会では、そんな予定調和に基づいた意外性の少ない会議が多くなります。

その男性脳の狭い世界を打開するのが女性脳です。

会議の議題とまったく違う話題を切りだして、その場の空気を変えていくなどということは男性脳には苦手なことです。しかし、新しい発想を生みだすためには、あえて横道にそれることも必要です。散歩と同じで、寄り道をたくさんしているほうが新しい発見があるのです。女性脳には、そうした「別の水路」を作る力があるのです。

今、女性の発想があらゆる場面で必要とされています。低成長期に入り近隣諸国に多くの分野で追い抜かれてしまった日本を再び活性化させていくには、女性脳の発想が重要です。今後、女性管理職の数も増えていくでしょう。いつまでも男性脳だけでの判断にこだわっていないで、女性脳のコミュニケーション力をもっと認める社会になるといいと思います。

第3章

外から見た日本人の会話の非常識さ

外国人の心を折る「曖昧な日本人」

道案内が得意な人、不得意な人の違い

道を歩いていて、他人から道順を聞かれることがあります。

ある日、よく待ち合わせの場となる渋谷駅のハチ公前で、中年の女性に、「NHKにはどう行けばいいのでしょうか?」と聞かれた若者がいました。私は「耳をダンボ」（ダンボはディズニー映画の耳の大きな小象の名前）にして、その若者がどんな答え方をするんだろうと聞いていました。すると彼はこんなふうに説明していました。

「NHKっすかー、NHKっすねー、何通りか行き方があんすけどー、じゃあー、わかりやすい道を教えますねー。このスクランブル交差点を渡って、（指をさして）あのビルの横をずーっと歩いていくんすよー、でー、左にずーっといくんすよー、道が曲がってます

からー、坂みたいなんですよー、上りの、でー、パルコとかを過ぎてー、ずーっと行くンスよ。そしたら東武ホテルとか、渋谷区役所とか過ぎるとー、でっかい建物が見えてくるんでー、道渡るとそれがNHKっすねー。

でも、入り口たくさんあるみたいなんで、あとは近くに行ったらまた聞いてください、わかるかなー」

「何分ぐらいかかりますか?」

「そうっすねー、15分くらいっすかねー、おれは10分くらいで歩いちゃいますけどね」

「ありがとうございました」


お礼を言ってその中年女性はスクランブル交差点を渡っていきました。

以上の説明が、だいたいのノーマルな日本人の若者の言い方と言っていいでしょう。

こうした例を見ると、どうも日本人は聞く人の立場に自分を置き換えてみるという意識がない、そういう習慣が身についていないとも言えます。聞く人に理解してもらうために、どこからどこまでどう説明したらいいのか、論理的にわかりやすく話を組み立てることが不得意なのです。つまりそうした訓練を学校や家で受けてこなかったのです。

20年ほど前、私がアメリカのシカゴをひとりで旅行していたときに、ガイドブックに載っていたレストランの場所がわからなくて、ある雑貨屋の店主にその道順を聞いたことがあります。その店主は、私の片言の英語力だと会話だけの説明では難しいと思ったんでしょう、店の中からノートの切れ端を持ってきて、そのレストランまでの行き方を書き始めたんです。

「やっぱり地図を書いてもらったほうがわかりやすいよな」と心でつぶやきながら店主が書いたものを見たら、なんと、地図ではなく、全部文字で書いてあるんですね。

「It is easy to go to straight in the way,
If it turns at 30-meter beyond on the left,
There is a five-cornered building……」

と、ノートいっぱいにアルファベットで文章だけを書いて道順を教えてくれました。

「地図じゃないのかよ、文だけじゃかえってわかりにくいだろ」と思いながら、その文章を読んでいくと、そこには、「この道をまっすぐ30メートル歩くと左手に五角形のビルがあり、その横を通り過ぎると、道がコンクリートからタイル舗装になる……」など、具体的に数字や色やかたちを入れながら説明書きをしてくれていたのです。文字だけなのには驚きましたが、そのノートに書かれた文章のとおりに歩いていったら、あっという間に目的のレストランにたどりついたのでした。

前述したＮＨＫへの道順の説明にしても、50メートル、１００メートル、信号３つ、30階建て、と客観的な距離感やものを具体的に示す、その坂を登りきったらＮＨＫがある、と、先に全体像を示してから、途中にあるデパートや区役所などの個別の存在を教えていく、道順を説明するというとても簡単そうな会話でさえ、日本人はそのやり方がわからない人が多いのです。

日本人同士なら、曖昧な言葉でも通じることが多いし、あうんの呼吸でわかり合えることもあるでしょう。しかし、アメリカのような多民族国家では、どんな人にもはっきりと伝わる言語能力がないといけないのだな、とこのときつくづく感じたものでした。

改めて、ふだん日本人はどんなふうに話しているかを見つめ直してみる必要があるのではないか、と痛感したのを覚えています。

「とか」「みたいな」「感じ」でボカす感覚的な言葉

先日、電車の中で聞いた日本の女子高生の会話。

「私の母親とかが、渋谷とか行ってー、おしゃれなクロワッサンとか食べようとか言うから一、一緒に行ったらー、親が金出してくれたりしてー、やったーって感じでー、まじうれしかったー」

最近の若者言葉の特徴は、「とか」「みたいな」「感じ」「まじ」が多く、語尾が伸びる。「私の母が」とは言わない。「私の母親」と言って自分の母親のことをまず一般名詞化する。母親の存在をはっきりさせない、照れがあるんでしょうか。

そしてそれにさらに「とか」をつける。「母親とか」と言うことによって話をより抽象的にしてボカしたがる。その心理を読み解くと「この話は私のお母さんの話だけれど、そんなにはお母さんのことばかりに集中して聞かないでほしい」という微妙な気持ちが見え隠れする。

「渋谷とか」も渋谷以外どこでもないし、「クロワッサンとか」もケーキでもアイスでもなくクロワッサンなのに、あえて「クロワッサンとか」にする。「やったーって感じで」

は、「とてもうれしかったんだ」でいいのに、そうはっきり言うと恥ずかしい「その程度でとてもうれしいのかよ！」と突っ込まれそうな気がする。だからボカす。自分の気持ちの実体を相手にはっきり悟られたくないし断定されたくない、いや、もしかしたら自分のはっきりとした気持ちさえもわからないのかもしれません。

日本人の会話は、おうおうにして、正確な気持ちを伝えるのではなく、なんとなくのムードや感覚を伝える言葉が多いのです。その言葉を使うことによって的確に本質が伝わるかを考えるのではなく、なるべく自分の主張を曖昧にしてボカそうとする。そして文章の最後には「とか」「みたいな」「感じでー」とつけるので、もうその場の「雰囲気」しか伝わらないのです。それが最近の若者言葉の特徴です。

文章を省略して文字化することが多いメールやＬＩＮＥ（ライン）が、その「感覚的な言葉のやりとり」を助長していることもあるでしょう。

しかし、若者言葉ばかりが特別なわけではありません。

外国人を悲しませた「カドがたたない会話」

私は仕事上外国人と接することも多いのですが、特に来日したての彼らが嘆くのは曖昧な日本語であり、「本音と建前」の区別の難しさです。

日本では、電車やバスはダイヤどおりに来るし、誰かと待ち合わせれば時間どおりにやってくる。世界でもめずらしく「お行儀のいい国」。なので、みんな「本当の気持ちをすぐ言わない」のでしょうか。

外国人が「今度食事に行こうよ」と、日本人の友人を誘ったときの実際のやりとりがこれです。

日本人の友人　いいね、行きたいね、近いうちに行こうね。
外国人の友人　そう、じゃあ、次の日曜日どう？
日本人　あー、その日は約束があるからダメなんだ、でも、近いうちに行こうね。
外国人　近いうちって、いつ行ける？
日本人　そうだなー、じゃあ、いつがいいか、いずれ連絡するよ。
外国人　いずれって、いつ？
日本人　今度必ず。
外国人　いずれ、今度って、いつですか？

日本人　えー？　近いうちにだってば。
外国人　じゃあ、近いうちに食事に行くことを、いずれ今度連絡してくれる？
日本人　わかったよ、近いうちに食事に行くことを、いずれ今度連絡するからしばらく待っててね。
外国人　しばらくってどのくらい待てばいい？
日本人　（イライラしてくる）だからー、少しのあいだ考えさせてよ。
外国人　少しのあいだって、どのくらいのあいだ考えてくれるの？
日本人　あー、うるさいなー、とにかく都合のいい日が今はわからないから、僕が連絡するまで当分待っててよ。
外国人　当分って、どのくらい待ってればいいの？

まるで漫才のようなやりとりですが、私が日本体育大学の客員教授として接した留学生に聞いた話です。

結局、日本人の友人からはその後連絡がなかったそうです。

「僕と食事に行きたくなかったのだったら、最初から断ればいいのに」と彼は思ったそうです。彼はそれ以降、相手の日本人が「近いうち」「いずれ」「今度」「しばらく」「少しのあいだ」「当分」という日本語を使ったときは、「自分に対して断るための言葉」として覚えたと言います。

私は彼に言いました。その日本人の友達は、決して初めから断ろうとしていたわけではなく、君と食事をしても会話がうまくいかないと思って連絡してこなかったんだと思うよ、と。

日本人は相手から誘われたときに、すぐに答えを出せない場合や断りたい場合、すぐに断ると相手が傷ついてしまうと思ってしまうのです。だから、とりあえず「近いうちに」などの言葉を使ってその場をしのぐことが優先される。「相手を傷つけたくない」気持ちと、「相手に悪く思われたくない」という気持ちが合わさって本心を言葉に出せない、本音の心と、建前の言葉とのギャップが大きいのが日本人の会話の大きな特徴です。

日本の社会では、はっきりと断るとカドがたつのです。

「来週飲みにいこうか?」

「すいません、あなたとは飲みにいっても楽しくないのでお断りします」

まさか外国でもこんな直截的な断り方はしないでしょうが、これに近い会話はよく聞きます。「行けません、ごめんなさい」「少なくとも今月は忙しいので無理です」などなど。日本人は「そうですね、考えておきます」「また今度にしましょう」となる。

なぜか、日本では、筋道のはっきり通った、論理的な、すぱっと言いきる「話し言葉」が育ってきませんでした。それは、農耕社会で、血縁でなくても地域の人たちが集まり「村社会」を作り、何をするのも共働で行わなければ生活が保てなかったからです。だから、言葉での論争などは何ひとついいことがないのです。

村社会での「会話」では、おたがいの気持ちを察し合い、推測し合い、あうんの呼吸こそが大事であり、曖昧にしておいたほうが摩擦を起こしにくいのでした。

半分言ったらあとは察してもらう。「めし、ふろ、ねる」という亭主関白三大言葉も、女房に向かって「単語」だけ発すれば通じるんですね。「おれは今風呂に入りたいから、忙しいところ悪いが風呂をわかしてくれないかな」という気持ちが、たった2文字「ふろ！」だけで通じてしまうのです。おたがいの気持ちを察することに腐心するのが、日本型コミュニケーションの本流なのです。

ところが、欧米のように隣国と国境が接している人々にとっては、契約が何より大事ですから、ものごとを正確にはっきり言いきらないと約束が成立しないのです。曖昧な態度で譲り合っていたら、相手の主張に負けてしまい領土もとられ生活も奪われてしまいます。何より自分の意思をはっきり伝えることが欧米型コミュニケーションです。

ボケとツッコミは日本的な会話

日本語の会話は、短い言葉でも、曖昧でも、おたがいに通じ合ってきたということを見てきました。一を言えば十を知る、ということです。

ところで、国連の統計によると21世紀は地球規模での人口が毎年7800万人ずつ増え、2050年には93億人になると推計されています(2011年時点で70億人突破)。世界ではこれほど人が増えていくにもかかわらず、日本の人口は減り続け2060年には8600万人になると言われています。今の人口より約4000万人も減ってしまうんですね。

政府は、今頃になってあわてて50年後も1億人を確保する計画を策定していますが、子育ての環境が抜本的に整備されなければ、日本の女性はたくさん子どもを産むことはないでしょう。フランスのように、子どもを増やせば増やすほど税制を優遇し子育て支援を手厚くするような政策に切り替えないと、人口は増えていかないでしょう。

日本人はこれからどんどん世界に出ていき生活圏を広げていかなければ、今の豊かさを保てません。それには、世界に通じる会話力とメンタリティー（精神的支柱）が何より大切です。だから、世界に通じる「話し言葉」を身につけなければなりません。

そのためにも、私たちが小さい頃から使ってきた日本語による会話にはどんな特徴があるのか、何がパブリックスピーチ（公の場での会話）の障害になってきたのか、知る必要があるのです。今までその特徴をいくつか書いてきましたが、改めて日本語の特性を見ていきましょう。

つまりはまず「われを知る」ということです。

「ねー」「ですねー」は和の心

日本人として初めてＩＳＳ（国際宇宙ステーション）の船長に抜擢された若田光一さんが、船長として心がけていたことは「和の心」でした。宇宙から彼自身が毛筆で書いた

「和の心」という文字は、メディアを通じて全世界で有名になりました。

188日もの長期間、狭い宇宙船に何人もが乗り組み、そこでおのおの自分の仕事をしっかりと果たしていくには、チームワークが何よりも大事だということ、言葉を換えれば「自己主張よりも、他人との譲り合いの気持ちを考える」ということにほかならないでしょう。

十七条憲法制定で有名な聖徳太子は、第一条で「和を以《も》って貴しと為《な》す」と言っています。日本人は何よりも和を第一に考えて生活しなければならないことを、この時代から明言しているのです。

外国人が日本人の口調の真似をするとき、語尾に「ねー」「ですねー」をつける人が少なくありません。そうすると日本人が話しているように聞こえるらしいのです。

「今日は天気がいいですねー」「そうですねー」

「あなたの洋服素敵ですねー」「あら、冗談がお上手ですねー」

「今日は雨が降っているねー」と語尾を「ねー」にするというのは、私はあなたと同じ気持ちなんですよと、相手の心を確かめて、共感してもらいたいと思うときに使う言葉です。


「最近、物騒なニュースが多いですねー」

「暑くていやになりますねー」

「最近物忘れが激しくてねー」


などなど、日本人の会話を聞くと、みんな語尾を「ねー」にしているのがわかります。

つまり、日本人は常に相手と同じ気持ちでいることを確かめ合いながら会話をする癖があるのです。また、決して相手に否定されないだろうという自信が持てる内容のときに「ねー」を連発します。

テレビのコメンテーターの言葉も、「いやになりますよねー」「そうですねー」「プロなんですからちゃんとやってほしいですよねー」「次に期待しましょうねー」と、「ねー」だらけ、なんです、ねー（笑）。

これも「私の意見は視聴者のみなさんにもきっと同意してもらえるでしょ、視聴者と同じ視線に立っているんですよ」という気持ちの表れだと思います。

日本人が「いいえ」と言うのはふたつの場合だけ

英語の場合、「お茶はいかがですか?」という問いに対して「いりません」は、「No thank you」と、「No」とはっきり言います。

ところが日本語で断る場合は、「お茶はいかがですか?」と聞かれて「いいえ、いりません」と言うと、よほど親しい家族でもない限りとてもぶっきらぼうで相手をいやな気持ちにさせるので「はい、ありがとうございます。でも今は結構です」と、とりあえず「いいえ」という言葉は使わず、じんわりとおもむろに断るのです。

これが外国人からするとわかりにくいのです。

でも、日本人はふだん「いいえ」と相手を否定する使い方は極力避けようとします。まず同調から入るのが普通です。

日本人のふだんの会話で、「いいえ」とはっきり言うのはふたつの場合しかないのです。

ひとつ目のケースは、謙遜するとき。

「あなたは話が上手ですね」と言うと「いいえ、とんでもないですよ、私なんかまだまだです」と、自分がへりくだるときは、はっきり「いいえ」と断言します。

もうひとつのケースは、相手を激励する場合。

「おれって話が下手だよなー」と言うと「いいえ、そんなことはないです、あなたの話は面白いですよ」と、力強く「いいえ」と否定してみせる。

このふたつのケース以外に、日常会話の中ではっきりと「いいえ」と言うと、人間関係にひびが入ってしまうのが日本人の会話の特徴です。

近くにいるアメリカ人に英語で「Do you mind opening curtain there?」（あそこのカーテンを開けていいですか？）と聞かれて、私がカーテンを開けてもいいよと言うときは「Yes」と言いたくなりますが、これは英語では違うんですね。問いが「mind」だから「私はそのことを気にかけています」という意味なので、答える私のほうは「いいえ、気にかけなくていいですよ、どうぞ開けてください」という、「No, please open the curtain」になり、「No」から始まるわけです。

英語の「No」は日本語の「いいえ」と違って頻繁に会話に登場してきます。それは英語の文法上のルールではありますが、やはり欧米人のズバッと言いきる文化が反映されていると言えるでしょう。

世界でもめずらしいふたり漫才がある日本

日本人の会話では、自分の主張を伝え合うというよりも、おたがいの話を補完し合いながらひとつの道筋をつけていくことが多い。日本語教育の専門家である水谷信子さんはこれを「共話」と呼んでいます。

「ねえ、いよいよ今度オリンピックが決まったな」
「そう、東京だろ、すげえな、2度目だぜ」
「2度目だよなー、たしか、最初は」
「昭和39年だよ、おれまだ生まれてないもん、おまえは」
「生まれてねーよ、おまえと同い年だろ、ふざけんな（笑）」
「だよねー」

というように、ふたりでひとつの話を作り上げていくのです。
ふたりひと組でやる「漫才」という笑いの形式は、まさに「共話」をベースにした日本独特の演芸と言えるでしょう。ボケとツッコミ、じつに日本人らしい会話方法が作りだす「笑い」です。


「君、最近どないや？」

「まあ、ぼちぼちでんな」

「ぼちぼちでは、わからんがな、何かいいことあるン違うか？」

「なんでやねん、あるわけないやろ」

「そうかなー」

「そうかなーって、なんでそんなこと聞くねん、気色悪いな」

「最近おまえの顔がにやけているって評判やで」

「ばか言うな、もともとこんな顔じゃい」

「そうやったな、名前も、にやけ、やしな」

「あほ、わしは三宅じゃ」


と、まあ、あまり面白くない漫才の一部ですが、日本以外ではこうしたふたりで組む漫才のような芸はほとんど見られません。ボケとツッコミ、これこそが日本人ならではの会話の特徴を表していると言ってもいいでしょう。

日本人が大好きなあいづちも外国人には不愉快

もっと分析すると、ツッコミとは「あいづちの一種」なんですね。
つまり、日本人は会話をするとき、あいづちを求めたがる、同意を欲しがる、のです。

「宝くじ買ったんだ」
「へえ、でも、当たるかな」
「おれ去年10万円当たったんだぜ」
「まじでー」
「だから今回も当たるかと思って、さ」
「なるほどねー、その気持ちはわかるね」

この「へえ」「まじでー」「なるほどねー」は、みなあいづちの言葉です。

外国人が日本人と話していて、とても不愉快に感じていたり、理解できなかったりするのは、まさにこの「あいづち」が多すぎるということ。

先ほどの「ねー」と同様、あいづちは共感を求める言葉であり、日本人同士がいつも相手と同じ気持ちでいるということを確かめ合いながら会話をしている証拠なのです。

私もついよく使ってしまうのが「なるほど」で、なんとなく「なるほど」と言わないと相手の次の言葉が出てこない気がするし、申しわけない気がしてしまうのです。

サッカー用語を変えた手倉森監督

会社の中で、英語を共通語として使い始めている企業が増えています。

ユニクロ、楽天、サントリーなど、特に日本だけでなく世界に工場や市場を求めていく企業にとって、日本の社員に、現地言語の次に大切な英語を学ばせて販路を広げていくことはもうめずらしくありません。

振り返ってみると、日本という国は、いつも世界でいちばん力のある国の文明を真似ようとしてきました。かつては中国、今さら言うまでもありませんが、中国から輸入された漢字、暦、文学、宗教、二十四節気などの習慣、ラーメンや餃子などの料理などなど、中国の影響なしでは日本の歴史は成り立たないのです。

そして、鎖国がとけて明治維新が起きたら、今度はヨーロッパの文明がどおっと入ってきた。政治から法律、医療、教育、建築や鉄道、道路などのインフラ、自動車などの工業ほか、あらゆる分野でヨーロッパを真似して勉強をし国づくりをしていきました。

そして戦後はアメリカです。戦勝国と敗戦国の宿命もあるでしょうが、あれほど戦争で敵対していた国の文明を、戦後、臆面もなくそっくり真似ることのできる日本人の素直さというか、愚直さには、戦争を知らない私の世代でさえ驚かされます。日本よ、おまえにプライドはないのか！　とも感じるくらい、アメリカナイズされたのが今の日本の姿と言っていいでしょう。

ヤングママの日記を日本語だけに変えてみた

今さら言うことでもないのですが、次々にアメリカ英語が日本語化（カタカナ化）していき、日本語に危機感を抱く専門家もいるくらいです。

義務教育時代から長い期間にわたって英語教育を受けているのにもかかわらず、英語で会話ができる日本人が少ないのも、じつは、英語を簡単に日本語化してしまえるので、いつでも英会話なんてできるんだと、高をくくっているからとも言われています。

それにしても、私たちの会話は、カタカナ化した英語を使わないと成立しないくらいになってしまいました。みなさんも一度、絶対にカタカナ英語を使わないで5分でも10分でもいいから誰かと話してみてください。必ず会話に詰まってしまいますから。

新聞、雑誌、チラシ、広告もそうです。カタカナ英語の嵐です。日本語の文章も、もはや漢字と大和言葉だけでは表現ができなくなってしまっています。

以下は、あるヤングママ（若い母親）の日記です。

「私はマンションを出てからマイカーで、息子をチャイルドシートに乗せてドライブに出かけた。いつものようにブランドもののサングラスに革ジャンにネックレスをし、スマホも首から下げハンドルを握る。いつ誰からメールが来てもいいようにスタンバイしているのだ。

そして近くのコンビニに寄る。そこはランチ時ということもありサラリーマンらしき人たちでいっぱい。私は、お気に入りのメーカーのスープとアイスクリームを買いレジで精算。再び車を走らせスピードを上げる。それが私がリフレッシュする方法、ストレス解消法だ」

さて、この文章をカタカナ英語を使わずに言い直してみるとどうなるでしょう。

「私は集合住宅を出てから私の車で、息子を自動車専用子ども用安全席に乗せて運転を楽しみながら出かけた。いつものように有名店の色眼鏡に革生地の上着に、首飾りを下げ、多機能携帯電話も首から下げ、運転のための操縦輪を握る。いつ誰から携帯電話の手紙が来てもいいように準備しているのだ。

そして近くの便利な雑貨店に寄る。そこは昼食時ということもあり会社員らしき人たちでいっぱい。私は、お気に入りの企業製の洋風汁と氷菓を買い精算所で精算、再び車を走らせ速度を上げる。それが私の気分転換の方法、精神的緊張解消法だ」

いかがでしょうか。なんだか堅い雰囲気にはなりますが、なんとか意味は通じますかね（笑）。

ただし、「チャイルドシート」「スマホ」「ハンドル」「メール」「コンビニ」「ストレス」などは、言い換えが非常に難しくなってしまうのです。

つまり、外国から入った新しい技術や概念は日本語化しにくい、たとえば「パソコン」や、「宇宙のビッグバン」「ワインセラー」なども、もはやそれに該当する日本語をあてると、「個人演算機」「宇宙の大爆発」「葡萄酒貯蔵庫」と書くことになり、なんだか画数も多くなってしまい意味も通じにくくなってしまうのです。

そういう点ではカタカナ英語を使用するのは仕方ないと言えます。

和製英語で言葉の豊かさがどんどん消えていく

ところが、「リフォーム」のように、英語圏の人が聞いてもピンとこない「和製英語」も横行しています。リフォームは「再生」「改築」「やり直し」「改善」「改良」「仕立て直し」「増築」などと、日本語でそれぞれ正確に言うと意味が異なる言葉をたくさん内包しています。それを「リフォーム」というひと言ですませてしまう。便利と言えば便利ですが、「リフォーム」というひと言を使ってしまうことによって日本語の古き良き言い回しが失われていってしまうのです。

「家を改築する」「人生をやり直す」「車を改良する」「洋服を仕立て直す」「地域医療を再生する」

これらも全部「リフォームする」を使ってしまえば意味は通じてしまうのですが、微妙な意味の違いは表現することができないのです。

「グローバリゼーション」も近年よく聞く言葉です。これを使うとカッコよく聞こえる。

「これからはグローバリゼーションを視野に入れることが大事なのです」

なんて、評論家諸氏が話しているのを聞いたことがありますよね。

では「グローバリゼーション」「グローバル化」「グローバリズム」って何でしょう。直訳すると「世界化」「地球化」です。本来の意味は、思想信条、考え方、行動など、あらゆる価値を世界で統一しましょう、ということでもあります。

グローバリズムとは、世界をひとつの大きな家族的つながりと考えて共同体を作ることですが、政治のグローバリズムと経済のグローバリズムと科学のグローバリズムとでは、それぞれ現実的に意味や行為がまったく違うのに、同じ「グローバリズム」としてしまっては、私たち日本語を使う人間がだんだん怠慢になってくるのではないかと危惧するのです。

もっと言えば、今の日本語化している「グローバル化」とは、アメリカ主導のものの見方が中心で、日本人もアメリカ中心の視野に陥りがちということを肝に銘じなければいけないと思います。

だから、安易に和製英語を使わずに、なるべく日本語で表現するように訓練することも今の時代には大切なのです。

「手倉森語」が日本サッカーを変える可能性

私は、浦和高校時代サッカー部だったので、試合中はカタカナ用語の連呼でした。パス、ドリブル、シュート、オフサイド、ボランチ、スルー、バイタルエリア、シミュレーション、ＰＫ、サポーター、オウンゴール、ワンタッチ、トラップなどなど。

だいたい野球にしてもラグビーにしてもテニスにしても、欧米から輸入されたスポーツの用語がカタカナなのは当然といえば当然です。

戦時中、野球用語を全部日本語にして実況したアナウンサーの苦労を聞いたことがあります。「送りバント」を「犠打」、「犠牲フライ」を「犠飛打」、スチールを「奪塁」、ダブルプレーを「打者走者共死」など、今も残っている用語もあれば、死語になってしまった言葉もあります。

２０１４年4月18日付の日本経済新聞のスポーツ欄のコラムに興味深い記事が載っていました。その全文を紹介しましょう。

２０１６年リオデジャネイロ五輪を目指す21歳以下日本代表の手倉森誠監督（46）は、ちょっと変わった言語感覚の持ち主である。滑ることをまったく恐れない、駄じゃれ好きはつとに知られた話で聞き手をしばしば困惑させるが、サッカー指導で繰り出す言葉の方はかなりいい線をいっている気がするのである。

例えば、くさびのパスを受けたFWをサポートする選手に対して発する「潜れ！」。単純に「サポートに入れ」というより隠密行動の匂いがするし、ボールを受けたらゲインラインを必ず突破せよ、という推進力の強調も同時に感じられる。

聞く度にどこか痛い気がする「ボールを握れ」もただの「ポゼッション」より迫力がある。手倉森の後、仙台の指揮を執り、先日解任されたアーノルド監督は「キープ・

ザ・ボールと教えたらしい。それより〝握れ！〟の方が感じが出るでしょ」と手倉森監督。確かに「死んでも渡すな」というニュアンスはこちらの方が伝わる気がする。

明治維新を境に標準語がまず軍隊で必要になったように、日本サッカーも1990年代半ばから用語の統一と普及に熱心だった。「ターン（turn＝フリーだ。前を向け）」や「マノン（man on＝気をつけろ。後ろから来てるぞ）」といった外来語がそうである。

日本中のコーチと選手がそうした共通語を使うようになると、地方から代表合宿に参加しても、代表コーチが使う言葉の意味が分からない、というようなことはなくなった。共通語として全国に拡散すれば、地域ごとの指導のばらつきもやがてなくなる。そんな狙いもあったのだろう。

それはそれで意味のあることだったが、「潜る」「握る」など日本人の身体感覚でサッカーを捉え直すかのような〝手倉森語〟を聞いていると、日本サッカーが次のステップに進むヒントが隠されているような気がしてくる。元日本代表監督のオシムさんは「日本サッカーを日本化する」という名言を残したけれど、その実現には「日本サッカーの日本語化」が必要なのではないかと。

実際、「プル・アウェイ」（＝ゴール前にいるフォワードがディフェンダー〈守備〉を引きつけて、突然意外な動きをすること。著者注）なんかより、不世出のストライカー釜本邦茂さんの「ゴール前で1回消えたらいい」という言葉の方が、よほど含蓄と選手に考えさせる力があるように思う。

これは、武智幸徳さんという長年サッカーの取材をしてきた日経の敏腕スポーツ記者のコラムですが、まさに「言い得て妙」なことが書かれていると思います。

英語の国NIPPONという可能性

日本語は、世界的に見ても難しい言語とも言われますが、かつて、この日本語のせいで文明が先に進まないから、日本語をやめてしまおうという動きがありました。

明治維新によって、欧米から次々に新しい「技術」や「科学」そして「概念」が輸入されました。しかしそれまでの日本には、たとえば、フィロソフィー「哲学」、サイコロジー「心理学」、ディベート「論争」、ディスカッション「議論」などの概念そのものがなかったのですから、当然、それに相当する用語も作らなければならない、つまり、それらを上手に翻訳してきた歴史があるのです。

ただ、あまりにもその概念の数が多すぎてすべてを日本語にするのはほぼ不可能なので、いっそのこと日本語そのものをやめてしまい欧米の言葉に統一してしまおうよ、という、今考えればとんでもない議論まで巻き起こったのです。

たとえば、明治初期、のちの文部大臣になる森有礼《ありのり》は、文明開化を進めるためには日本語を廃止してすべて英語にしようと真剣に唱えました。また、哲学者・西周《あまね》は、アルファベットですべての日本語を表記するように主張しました。

さらに、漢字を減らしてひらがなだけで表記するべきだとか、漢字、ひらがな、カタカナ、の3つの表記そのものがややこしいから、3つのうちひとつの文字に統一するべきだとか、当時、書き言葉と話し言葉が大きく乖離していた日本語の「言文一致運動」が始まるきっかけともなったさまざまな動きが、文明開化とともに押し寄せ、大きなうねりとなっていったのです。

結局、明治初期の国語改革は現実のものにはなりませんでしたが、次にこの波がやってきたのは第二次世界大戦後、つまり敗戦の直後のことでした。

戦後、永久平和のために日本語をやめる案があった

もうすっかり有名なエポックとしても知られていますが、戦後日本を占領していた連合国総司令部（GHQ）は、日本の軍国主義的な教育を見直すために、アメリカから27人の教育専門家を日本に派遣しました。

これが有名な「アメリカ教育使節団」です。

彼らは日本各地を視察して、従来の教育の根本的誤りや今後の日本人に合った勉強のやり方はどういうものかなどを模索しました。

そうして、彼らは日本にさまざまな教育改革を求める「アメリカ教育使節団報告書」を発表したのです。

その内容は、中央統制の画一的教育をやめ自治体に教育委員会を設ける、国定教科書は廃止する、男女共学、6・3・3制を導入する、保護者によるPTA制度を作る、などなど、現代日本の教育制度はまさにこの使節団の人たちが作ったんだ！　と改めて気づかさ

れる内容が数多く盛り込まれています。

そしてその中に、なんと国語改革として、「漢字、ひらがな、カタカナを廃止してローマ字のみにすること」というような文言があるではありませんか。

報告書の一文を紹介します。

「われわれは、深い義務感から、そしてただそれのみから、日本の書き言葉の根本的改革を勧める。（中略）

書かれた形の日本語は、学習上の恐るべき障害である。日本語はおおむね漢字で書かれるが、その漢字を覚えることが生徒にとって過重な負担となっていることは、ほとんどすべての識者が認めるところである。初等教育の期間を通じて、生徒たちは、文字を覚えたり書いたりすることだけに、勉強時間の大部分を割《さ》くことを要求される。教育のこの最初の期間に、広範にわたる有益な語学や数学の技術、自然界や人間社会についての基本的な知識などの習得に捧《ささ》げられるべき時間が、こうした文字を覚えるための苦闘に空費されるのである」（『村井実・全訳解説　アメリカ教育使節団報告書』講談社学術文庫）

いかに漢字を覚えることが、日本人にとって時間の無駄かを力説しています。そしてこうも述べています。

「いったい、いかなる近代国家が、このようにむずかしく、しかも時間ばかり浪費する表現手段《メディア》や意志疎通手段《メディア》を持つという贅沢《ぜいたく》への余裕をもつだろうか」(同)

報告書は、ここまで言うか！　というくらい漢字に対してボロクソに意見を述べています。漢字の母国、中国の人が聞いても、怒りだすこと間違いないようなこの文章が全国に流布されたのです。

そして、いずれ漢字は一般的な書き言葉としては全廃されるべきであり、ひらがなやカタカナよりもローマ字のほうが使いやすいので、いずれすべてローマ字表記にすべきだと主張しました。

「永久の平和をもたらしたいと願う思慮深い人々は、場所を問わず男女を問わず、国家の孤立性と排他性の精神を支える言語的支柱をできる限り崩《くず》し去る必要があるものと自覚し

ている。ローマ字の採用は、国境を超えた知識や思想の伝達のために大きな貢献をすることになるであろう」（同）

つまり、彼らの主張の共通するところは、漢字のような複雑な文字を覚えるだけで勉強の時間の大半を費やさなければならないのは理不尽だ。漢字を学習する時間を、ほかの分野に振り向けられるのではないか、日本人の文明が欧米におくれをとっているのは、日本語の学習に問題がある、しかも、漢字を廃止しローマ字に統一することによって、日本人は孤立や排他的な精神から解き放たれ、平和を願うようになるに違いない、というものでした。

敗戦後、もしこのアメリカ教育使節団の言うとおりになっていたら、今頃私たちはローマ字ですべてを書き表しているんですね。いや、いっそのこと英語の国になっていた可能性もあったのです。

福沢諭吉の「話し言葉」の改革

明治維新後、福沢諭吉のように、文字そのものではなく「話し言葉」の遅れている日本人を嘆きそれを改革しようと尽力した人も現れました。

福沢は、イギリスの国会を視察した際、男同士が口角泡を飛ばして議論している様子を見てとてもショックを受けたといいます。日本では剣や生身の体での戦いはあるけれど、言葉だけを使ったけんかを見たのは初めてでした。しかも大声で怒鳴り合って相手をやっつけようとしている。それを英語では「ディベート」と言う。

そこで福沢は「ディベート」を日本語に訳すとき、「討論」という漢字をあてました。彼には、その行為が、まるで男同士の決闘のように、相手を討つための「戦い」に見えたからです。

そして、ひとりひとりが独立した自尊精神を持った個人として生きていくために重要なのは、自分ならではのしっかりとした考え方を持ち、堂々と主張し、他人の言葉にも耳を傾け、おたがいを尊重し合うこと、それを重視しなければ、本当の民主主義の国を築くことができないと考えました。その手段こそ、スピーチつまり「演説」です。『学問のすゝめ』（岩波文庫）の十二編では、「演説の法を勧むるの説」というタイトルで詳しく述べています。

「演説とは英語にて『スピイチ』と言い、大勢の人を会して説を述べ、席上にて我思うところを人に伝うるの法なり。我国には古《いにしえ》よりその法あるを聞かず」

今でこそ、スピーチをすることはめずらしくありませんが、「我国には古よりその法あるを聞かず」というように、福沢が生きていた当時は大勢の人の前で自分の主張を話すなんて慣習も発想もなかったのです。スピーチを「演説」と翻訳したのも福沢ですが、これからの日本が世界と伍して戦っていくためには「演説ができる人材」を作っていく必要があると彼は考えたのです。

彼は大変有能な人で、新政府の一員として政治にかかわってほしいと各方面から誘われました。が、「自分は世界で活躍できる人材を育てたい」と、演説の訓練のための会合

「三田演説会」を作り、それを行うための建物「三田演説館」まで建ててしまいました。これがのちの慶應義塾大学になるのです。

師匠ソクラテスにも遠慮しない弟子たち

日本人は、そもそも自分の意見を大衆の前で発表するということを、学校教育や日常生活の中でほとんどしてきませんでした。それは、日本では、古くから公の場では、自分の感情を抑え他人を傷つけないような言葉を選んで話をするという伝統が続いてきたからです。

「話をさせていただきます」「僭越ながら……」「高いところから失礼します……」などなど、自分を下にして相手を持ち上げながら、あくまで謙虚な態度で言葉を発することが大衆の「好感」を得るのです。この精神は現代でも引き継がれていますよね。

かつて、将軍も公家も大名も一般大衆の前で、自分の本音を堂々と述べることはほとんどありませんでした。さらに、士農工商の身分制度がはっきりしていた中で、一般の人が権力者や群衆を前にして自分の意見をはっきり言う習慣もありませんでした。

日本人は、あくまで「慎み深く」「奥ゆかしく」「謙譲の美徳を尊び」「自我を出さない」ことが最優先されてきたのです。

ところが欧米は違います。たとえば、古代ギリシャでは、哲学者ソクラテスを相手にたくさんの弟子や若輩者が、彼が自分の師匠であるにもかかわらず、遠慮せずにバンバン意見を言っていました。ソクラテスの弟子プラトンもスピーチ好きだったので、弟子たちに「エロス（愛）とは何か」を演説させたのは有名な話です（『饗宴』プラトン著、久保勉訳、岩波文庫）。

そこにいる人全員が、上下なく対等に意見を発表し、それをみんなで話し合う、この方法が欧米では「弁論術」として学問の中心になり、教育の中心にもなっていきました。

そのせいで、古代ギリシャでは、口ばっかり達者な「詭弁《きべん》論理学者」（正しくないことを、まるで真実のことのように理屈だけで説明する学者）など、「口先男」もたくさん出たくらいでした。

鎖国から解き放たれ、こうした、討論を中心とした政治のあり方や諸外国の文明発展の様子を目の当たりにした福沢は、「これからは謙譲の美徳などと言っている場合ではない、独立自尊精神を持った人間をたくさん作って、西洋の国々に対抗していかなければならない」と宣言し『学問のすゝめ』を書きました。

「学問の道において談話演説の大切なるは既に明白にして、今日これを実に行う者なきは何ぞや。（中略）今の学者は内の一方に身を委《まか》して外の務めを知らざる者多し。これを思わざるべからず。私《わたくし》に沈深なるは淵の如く、人に接して活潑なるは飛鳥の如く、その密なるや内なきが如く、その豪大なるや外なきが如くして、始めて真の学者と称すべきなり」（同書）

つまり、学問の道においては議論や演説が大切であるにもかかわらず、今日これを実行する者がいないのはどうしたものだろうか。今の学者は、内側一辺倒で、外に対してやるべきことを知らない人間が多い。このことを考えないわけにはいかない。内側にあるものは淵のように深く、人と接しては飛ぶ鳥のように活発であり、学問の緻密さは内に向かって限りなく、学問の外への広がりは際限がない。こうなって、初めて真の学者と言えるのだ、と福沢は主張しました。

結局、今の学者は内に向かう姿勢はいいけれど、外に向かって自分をアピールするのが下手であると言うのです。

福沢が、人を育てるうえでいちばん大切にしたのは「活発な活動的な人材育成」という視点でした。つまり自分の研究に没頭すること以上に、それを積極的に他人に伝えること、社会の中で自分の主張を他人に向かってはっきり示すコミュニケーション力が必要であり、内にこもるのではなく多くの人と議論をして、自分の知識や世界を広げることの重要さを説いたのでした。そんな「活発な活動的人材」を求めました。

福沢諭吉が『学問のすゝめ』を書いてから約140年、果たして福沢の目指した活発に活動できる「演説の上手な」人材は、この国にどれだけ生まれたでしょうか。日本語教育はこれでよかったのでしょうか。

日本教育史上初の「花まる授業」

最近、腰の重い日本の教育界がようやく動きだしたようなニュースを耳にするようになりました。

この動きは、従来の教育だけでは、世界で活躍できる人材を育てられないのではないかという危機感から生まれたものでしょう。

なかでもセンセーショナルなのは、佐賀県武雄市が、学習塾「花まる学習会」（株式会社こうゆう　本部・さいたま市）と提携し、武雄市の小学校の毎日の授業に、花まる学習会の教材や教育のノウハウを導入し、新しい学校として2015年4月に開校する運びになったことです。これには「塾に頼りすぎだ」との批判もあり、今、各界に大きな波紋を投げかけています。

学校の名前も「武雄花まる学園」を頭につけるということで、地元の子どもだけではなく全国からも児童を募集します。

市と塾は、2015年から10年間の協定を結びました。

なんと、民間の塾の教育内容や教育手法を、公立小学校のほぼすべての授業に導入するのは日本教育史上初めてのことで、まさに革命的な出来事なのです。ただ、教壇に立つのはあくまで学校の教員であり「公設民営」のかたちではないのですが、武雄市は「全国初の官民一体型学校」と胸を張っています。

こうした全国でも例がない画期的な教育改革は、先駆的な活動で有名な樋渡《ひわたし》啓祐《けいすけ》市長（当時）が提案し、武雄市教育委員会が決定しました。いまや、地方から風を吹かせる時代なのでしょう。

ではなぜ、武雄市は私塾のひとつと手を結んで公教育の見直しに踏みきったのでしょうか？

市の教育委員会は「受験塾とは一線を画し、生き抜く力を養うことのできる塾として、ほかの塾と比較し決めた」と言います。花まる学習会になぜ決めたかは後述します。

子どもを「メシが食える大人に育てる」

では、花まる学習会は、どんな授業をしているのでしょうか。

代表の高濱正伸《たかはままさのぶ》氏とは何度かお会いしたことがありますが、とにかく子どもの教育に情熱を持っている熱い方です。１９９３年に小学校低学年向けに、「作文」「読書」「思考力」「野外体験」「他人に伝える表現力」を主軸に据えた学習塾を設立しました。子どもを「メシが食える大人に育てる」ことが教育信条です。

教室の独創的な授業はマスコミでも何度も取り上げられて話題になってきましたが、サマースクールや雪国教室などさまざまな試みを精力的に取り入れ、たちまち爆発的に人気が出ました。各地で行っている講演会は毎回キャンセル待ちが出るほどの盛況ぶりです。

講演会の最後には高濱氏が自ら作ったバンドの演奏もあり、集まったお母さん方はためになる話と音楽を楽しめて大いに満足して帰っていくそうです。

塾の授業にも、代表である高濱氏のユニークなキャラクターが存分に出ています。

小学生の授業をのぞくと、何より、生徒の元気のよさに驚きます。みんな声が大きい、滑舌がいい、表情が明るい、われこそはと手をあげる。要するにこの塾では「子どもらしい子ども」が育っているなー、私が小さかった頃、昭和30年代の教室みたいだなー、と懐かしくも思えます。

たとえば、四字熟語の勉強のシーン、みんなで「四面楚歌！」「春夏秋冬！」「一期一会！」と、書かれたものを矢継ぎ早に大声で唱和するのです。怒鳴り散らしている子どももいる。もちろんこの時点では言葉の意味などわからない。とりあえず、まず音で覚えていく。

そして宮本武蔵の『五輪書《ごりんのしょ》』の朗読や計算ドリル、名文の書き写し、などなど、読んだり書いたり笑ったりと、体の五感を使って何かをさせるのが特徴です。講師は、できた子どものノートに大きな花まるを次々に書いていきます。「やったー！」「すっげー！」

「よっしゃー!」あちこちから声が飛び交います。

90分間飽きないように、いくつかのメニューをこなしていくテンポの速さにも驚きます。一方で、じっくり考える静かな時間もあり、そこでは思考力も集中力も鍛えていきます。

授業後、この塾に通っている子どもに聞くと、全員が全員「楽しかった」という答えが返ってくる。一般の小学校の先生もそれぞれそれなりに工夫して授業をしているとは思いますが、この塾は教える先生のエネルギーが、教室いっぱいに充満しているのがわかるのです。高濱氏がこれら先生の採用時に徹底的に研修し、メソッドを理解させ、何より子どもに愛情を持てる人材かどうかを見極めているのだと感じます。

ともかく、「できた子はほめること」が、勉強を楽しく継続させるコツだと高濱氏は強調します。愛情の第一義は「ほめる」こと。「ほめて育てて能力を伸ばすこと」。今まで当たり前のように言われてきたことを、この塾では徹底的に実感させるのです。

私の正直な感想ですが、花まる方式の勉強が果たして今の日本の受験社会を生き抜いていくうえでとても有利な教育かといえば、決してそうではないと思います。

もっと言うと、最終的に偏差値が高い学校を本気で目指す教育ならば、花まるの教え方は遠回りだとさえ思います。

私は花まる学習会の肩を持つわけではまったくありません。

ただこの塾がやっていることは、今の学校教育に足りない「徹底的に体で表現する」「徹底的にコミュニケーション力を養う」「徹底的に集中力を養成する」、そして何より「学ぶことは遊ぶことと同じくらいに、ものすごく楽しいものなんだ」と子どもたちに思わせていることなのです。現代日本における偏差値重視の公教育の中では決して教えてくれないことを、ここで学ぶことができるのです。

学校と塾の連携は、今世紀に入ってから放課後学習などで進んできてはいましたが、武雄市のように長期間全面的に塾に頼っていく例は初めてであり画期的なことです。

では、そもそも武雄市は、どうしてこの塾のノウハウを取り入れていこうと決断したのでしょうか。

もちろん、樋渡市長がとても先駆的な考え方を持った人物（iPadを利用した「反転授業」を取り入れたり、図書館運営を民間の書店TSUTAYAに委託したり）であり、佐賀県武雄市を全国区の教育先進都市にしたいという、言ってみれば「教育で町おこし」の側面があることは否めませんが、何より今の文科省のシステムの中では、「世界に通じる人材育成」は難しいことに気づいたのです。

仲間うちの会話は得意だけれど、みんなの前で話してみろと言われると途端に寡黙になったり、たとえ話せてもしどろもどろになったりと、日本人は「公の場」での話がものすごく下手です。

どんなに勉強ができて頭がよくても、その成果を他人に説明できなくては何にもならないというのが欧米の教育の基本です。

そもそも日本には「読み書き」の教育は充実していますが、「話す教育」はほとんどありません。英語のスピーチには力を入れるけれど、日本語でのスピーチの訓練はほとんどしないのが現状です。「話す」ということなんて生まれてから誰でもみんな自然に身につくもので、ことさら学校で習うものではない、という考え方が日本には根強いからです。

だから武雄市はこれまでのような文科省主導の学習だけでは、世界に通じる「コミュニケーション力」のある子どもが育たないと確信して、花まる学習会のノウハウを公教育に取り入れようと決断したのです。

第4章

人生の明暗を分けるそのひと言

「孤独になる装置」に囲まれている日本人

先日、和食レストランに入ったときのことです。私よりあとから入ってきた初老の夫婦らしき男女が私の左隣のテーブルに座りました。

彼らは向かい合って座るやいなやふたりともスマートフォンを取りだしていじり始めました。おたがいにひと言も会話を交わさずに、ずーっとスマホを操作しています。ネット検索かメールチェックかはたまたゲームをしているのかわかりませんが、とにかくおたがいの顔も見ようともしないのです。もちろん声も発しません。とにかくスマホとにらめっこです。ふたりが声を出したのはウエーターが注文を聞きにきたときでした。

男「うなぎ御膳ね」、女「私、鴨南蛮そば」この短いひと言だけでした。

食事が運ばれてきてもふたりとも黙って食べているだけ、相変わらずおたがいの顔も見ません。ときどき横に置いたスマホの画面をスクロールしながら箸を口に運んでいます。

若者ならいざ知らず、おそらく私より年上（60代くらい）の夫婦が、食事をしているときに、目の前にいる人とまったく会話をせずにスマホを通じてほかの世界とつながっているのです。私は愕然としました。このふたりがいつ会話を始めるんだろうと気になって気になって食事ものどを通りません（笑）。結局ふたりは食べ終わるまでひと言も口をきかず席をたっていったのです。

けんかでもしているのかな、と思ったのですが、ふたりは最後にレジに向かいながら「なかなか美味しかったわね」「そうだな」という言葉を交わして去っていきました。ふたりの会話はこれが唯一でした。あー、けんかをしていたわけではなかったんだ。時間にして30分ほどだったでしょうか。

30分間ふたり一緒にいて交わした会話はたったの2〜3秒。

こういう風景は今ではめずらしくありません。私たちの周りには四六時中、黙々と、携帯電話、スマホをいじる人ばかりです。

電車の中、車の中、レストランやカフェの中、家の居間でさえも、みんな携帯とにらめっこ。以前JR四ツ谷駅で小学生がホームから転落しました。原因は携帯電話を操作しながらホームを歩いていて足をすべらせたといいます。

ひとりのときならまだわかります。ただ誰かと同じ空間にいながらにして、どうしておたがいに会話をしないのか。スマホをいじるのか。

公園のベンチで3人の男子高校生が並んで座っていて、3人ともスマホでゲームを楽しんでいます。

親子でも夫婦でも、自宅の居間で、目の前にいる相手と会話せずに、ネットでつながっている人と文字だけの会話をしています。

本当に日本人は無口になりました。声を出さなくなりました。

東京都では1年で2000人が孤独死

現実に、孤独な人も増えています。核家族化が進み、ひとり暮らしの世帯が激増していることはニュースにもなっています。その孤独な生活に拍車をかけている、というか、推進力になっているのが、前述した私たちの周りのあらゆる便利な「装置」社会です。

テレビをはじめ、インターネット、ゲーム、自動販売機、コンビニエンスストア、荷物や弁当などの宅配システム、ワンマン乗車などなど、現代人は、誰とも交渉も会話もせず、たったひとりでも生活していける「装置」に囲まれています。「今日も一日誰とも口をきかなかった」という生活を送っている人がなんと多いことでしょう。

考えてみると、社会というのは、人間関係のことを考えると本当に煩わしいものです。家族でさえもそうです。「あーこの家族から逃れたいな」「早くひとりで暮らしたい」と私は少年時代から考えていました。

今から思えばそれほど大げさに考えることもなかったのですが、10代の私には家族や親戚のつきあいが自分の人生の「足かせ」になっているような気がしてなりませんでした。

「こんな親じゃなかったら、もっと豊かな生活ができていたのに」

「こんな姉がいるからおれは不幸なんだ」

などと深刻に考えたものでした。

だから、大学に入り芝居に夢中になりだした頃から、私は3畳一間1万円の高円寺のアパートでひとり暮らしを始めたのです。

ひとり暮らしになって改めて驚いたことは、買い物はスーパーやコンビニですませ、電車やバスは自動券売機に自動改札機、車掌さんとも会わず、洗濯も近くのコインランドリーに通い、タバコやジュースやビールは自動販売機で買い、家賃は銀行に振り込む。学校はサボりがちだったのでアルバイトを休んでいた1週間、誰とも口をきかずに過ごしたことを今でも覚えています。

当時は携帯電話はもちろんなくてアパートの公衆電話だけだったので、まったく誰とも会わないし話をしないのです。強いて言えば週に2〜3回だけ通っていた銭湯の番台に座っていたおばちゃんに、「毎度どうも」と声をかけられたくらい。

それに比べ、私の小さい頃はスーパーマーケットすらない時代でしたから、日用品を買いにいくと必ず店の人がいて会話をしなければいけませんでした。

「今日はいい野菜が入っているよ、お、正明ちゃん、元気ないねー、あー、さてはお母さんに怒られたのかな、は、は、は」

父親に頼まれてタバコ屋におつかいに行くと、「最近おまえの父ちゃん見ないね、またしばらく山に行っているのかい？」

外に出ると、否が応でも誰かと話をしなければいけませんでした。


ところが、です。少子高齢化が急速に進んでいる今、日本人の4人に1人が65歳以上になり、子どもの数も減り、ひとり暮らし世帯が激増し、ましてや、インターネットやメールの普及で、部屋に閉じこもっていても外部とコミュニケーションがとれる現代日本には、どれだけ孤独な人間が増えてきたことでしょう。

一日中声を出して話す相手がいない。病気になっても、たとえ死んでも誰にも気づかれない。

東京都では、毎年約２０００人のお年寄りが孤独死をしているといいます。

昔から近所づきあいを重んじてきた日本人ですが、いつの日からか、「個」を重んじる欧米式の街づくりに専念し、マンションを建て、防犯カメラ網を張りめぐらせ、見ず知らずの人間は一歩たりとも足を踏み入れられない玄関を作り、個人情報保護のために隣近所の連絡先も秘密にするようになりました。

ハードもソフトも「孤独になる装置」を整えてきたのです。

その結果、「みんな孤独を楽しみましょうよ」と大合唱しているような世の中が出来上がってしまったのです。

会話のなくなった国は「病んでいく」

では、そんな、他人と雑談さえできない世の中で果たして幸せなのだろうか、ということです。他人と会話することには「孤独を癒やす力」があります。家族との何気ない会話、友人との世間話、お店の人とのたわいのないやりとり、こうした会話は人間にとってなくてはならないもののはずです。ネットやメールでの文字だけのやりとりでは絶対に伝わらない「喜怒哀楽を確かめる」ものが雑談にはあるのです。

こうした直接会話をする機会をもっともっと持たなくては、大げさに言えば、この国は病んでいきます。

ニュースでも大きく報道された、2012年に4人の誤認逮捕者が出たインターネットによる遠隔操作事件のK被告は、勤めていたIT会社をやめて家に引きこもり、自分の孤独状態を癒やすためにネットで爆破予告や殺害予告を遠隔操作で行っていました。犯行の動機は「世の中に恨みを持っていたから」でした。

頻発するストーカー殺傷事件も、自分が孤独から逃れようともがいてもがいて結局相手に受け入れられずに行き場を失い、結果刃《やいば》を向けてしまう。

最近の犯罪の多くは、自己中心的な孤独感から逃れようとしてもがいている人が引き起こしているケースが多いのです。

彼らの近くにひとりでも馬鹿な話ができる人がいたら、くだらない雑談で大笑いができる相手がいたら、犯罪に走っていなかったような気がしてなりません。

ご近所コミュニケーションの底力

では、「孤独になる装置」が満ちあふれ、ひとり暮らしが激増している現代の日本に必要なのは何でしょうか？

私はこれまでさまざまな番組にかかわらせていただきましたが、２００３年４月にスタートしたＮＨＫ「難問解決！　ご近所の底力」はじつに画期的な番組でした。

まさに、日本らしい古き良き長屋的発想によって、「世直し」をしていこうではないかという番組でした。

コンセプトは「行政など公的な力に頼らない街作り」で、「孤独な人を減らす」。

私たちは、自分の住んでいる都道府県や市区町村に住民税などの税金を支払う対価として、各種の行政サービスを受けています。警察や消防、道路整備やゴミ収集、役所の運営から公立図書館の業務などなど数えたらきりがありません。

ところが、人口減少や企業の撤退、国からの交付金の切り詰めなどのために、自治体自身のパワーが衰えてきた現実があります。住民たちの悩みに直接向き合うための、「人もお金も」足りなくなってきたのです。

しかも、時代が進めば進むほど、住民たちの要望や課題も多様化してきました。人間と同様、その地域にはその地域なりの顔や姿や歴史があり、それぞれ違う悩みを抱えています。

空き巣やひったくりなど犯罪が起きやすい街、ゴミのマナーが悪い街、シャッター商店街が多くなってしまった、高齢者の孤独死が増えている、鉄道やバスなど公共交通機関が赤字廃止になった、猿や鹿が農作物を食い荒らす、暴走族が風紀を乱す、といったその地域独自の「お困りごと」があります。

その悩みを、行政に頼らずに住民だけのコミュニケーションの力によって解決していこう、というのが「ご近所の底力」です。

番組では、渋谷のNHKのスタジオに、あるお困りごとを抱えたひとつの地域の住民「お困りご近所」30人ほどに来ていただきます。そして、同じお困りごとを抱えていながら、すでに解決に向けて動きだしているほかの「妙案の街」3ヵ所の活動ぶりを紹介するのです。

そして「お困りご近所」には、「妙案の街」のやり方を参考にしながら自分たちの街に新たなプロジェクトチームを立ち上げてもらい、問題解決のために実際に動きだしてもらうというものです。しかもわれわれNHKのスタッフは、そのお困りごとが解決するまで継続的に取材を続け、「お困りご近所」には何回もスタジオに足を運んでいただく仕掛けになっています。まさに新しいタイプの視聴者参加番組でした。

空き巣被害ワースト3の町を被害0件に

放映のたびにこの番組の反響は大きくなり、日本全国の住民グループや自治体からも問い合わせが相次ぎました。

「フリーターや引きこもりの若者が街に増えてきた。なんとか彼らを家の外に引っ張りだす妙案はないか」

「カラスが増えてゴミをあさっている。カラス対策に熱心な妙案の街を紹介してほしい」

「街の裏山で土砂崩れの心配がある。住民の避難誘導はどうしたらいいか」などなど。

驚いたのは、住民たち主導のアイデアを引きだす番組にもかかわらず、地方自治体、つまり行政側の反響が思いのほか大きかったことです。

行政のみなさんも地域のさまざまな「お困りごと」を自治体の手でなんとかしたいと努力はしているのですが、マンパワーや予算に限度があるためになかなか動きだせない現状があることがよくわかりました。

そこで、とりあえず住民主導で行動を起こしてもらい、その活動の成果がある程度期待できると判断できたら、お金や人材でバックアップしようではないかという自治体が増えていきました。なかにはこの番組に刺激されて、新しい「まちづくり条例」を作った市や町もあるのです。

私は各地に講演に行くことがありますが、今でも、ぜひ「ご近所の底力」の話をしてほしい、という要望が多いのです。

こうして住民自身の意識が変わることで、街そのものが進化していくのを目の当たりにしている人が増えてきていると同時に、少子高齢化や人口減少で街が空洞化していくのをなんとか食い止めて、どうしたら自分の住む街をよみがえらせることができるのか、悩んでいる地方がたくさんあることを痛感するのです。

この番組に出演してくださったことによって、生まれ変わった街はたくさんあります。

たとえば、空き巣被害が毎年届け出だけで100件ほど起きていた杉並区馬橋地区、この番組で紹介した3つの妙案の街の活動を自分たちなりのアレンジを加えて行った結果、翌年の被害届け出がついに0件になりました。

3つの妙案もこれまたユニークなものでした。

世田谷区松原地区の「ド派手な真っ黄色のユニホームに熊よけの鈴を鳴らし、誘導灯を持ちながら一日何回もパトロールをする」

神戸市北須磨団地の「団地内の敷地では、みんなが必ずあいさつや声をかけ合わなければいけないというルールを徹底させる」

愛知県春日井市の「元空き巣の人に、なぜ空き巣被害が起きやすいかを街を回りながらレクチャーしてもらう」

この3つの妙案を取り混ぜながら「あいさつパトロール隊」を作り、元空き巣の人も招聘《しょうへい》して教えを請いながら住民運動を続けた結果、50年間ずーっと東京都空き巣被害地区ワースト3に入っていた馬橋地区が突然被害0件になったのでした。

この地区にはその後、劇的に街を変えたという理由で、都知事特別表彰や警視総監賞など数々の栄誉が授与されたと聞いています。

活動を成功に導く「アイウエオ憲法」

直木賞作家の藤本義一さんがかつて私に教えてくださった、「あらゆる活動が成功するコツ」があります。彼はそれを「アイウエオ憲法」と言っていました。

「アはアイデア」何ごとも、他人が考えつかないユニークな発想が必要。
「イはインタレスト」多くの人の興味をひけるか、ひとりよがりの興味ではないのか。
「ウはウォーク」ネット時代の現代、情報があふれているが、机の上でわかったような気になるのでなく実際に歩いて取材してこの目で確かめろ。
「エはエキサイト」いつまでも情熱をそそいで継続できるか。
「オはオーナーズシップ」あなた自身が引っ張って、周囲の雑音に惑わされることなく、あなた自身の信念を貫けるか。

このアイウエオ憲法はなかなか示唆に富んだ条文で、今でも私自身の行動の指針にもさせていただいています。

春日井市の住民が、「元空き巣」を招聘して空き巣被害対策を講じたことはまさに「アイデア」極まれり、ですよね。その元空き巣さんは、今でも空き巣対策のために全国を講演に回っているそうです（笑）。

ほかにも、この番組の出演がきっかけで、赤字路線の鉄道を住民自身の手で復活させた街や、暴走族を解散させた街、不法看板がなくなった街、孤独死を減らした団地、などなど住民パワーを見せつけた例は枚挙にいとまがありません。

そして改造に成功した街の共通点は、活動の中心になっている人たちの「コミュニケーション力」の高さです。いろいろな人の意見を取り入れ、無関心な人をも排除しない寛大な心を持ち、どんなに世間体が悪くてもぶれない態度を貫き、活動自体を住民みんなで楽しんでやっている、それこそまさに協働でものごとを進めていくのが得意な日本人ならではの「ご近所の底力」です。

私が少年時代にすごした「長屋のご近所づきあい」は、しがらみだらけで当時はいやでしたが、21世紀の日本に必要なのは、その「しがらみ」を新しいかたちの「つながり」に変える地域のコミュニケーションの復活なのです。

言葉は「凶器」にも「ゆりかご」にもなる

では、コミュニケーションをとるうえで、みなさんは「言葉」そのものについて「立ち止まって」考えたことはありますか？　「言葉」って今さらながら言うのもなんですが「凶器」にもなれば「ゆりかご」にもなる、地球上で人間だけが持つ特殊な「道具」です。

大損失を出した部下に社長がかけた言葉

私の友人で中小企業の社長がいます。彼の会社の男性社員が、あるとき、取引上の大きなミスをしたそうです。損失も大きく取り返しのつかないほどの失敗で、ちょうど会社が伸びていく大事な時期だったこともあり、友人はショックで胃潰瘍になってしまったほどでした。

友人はその社員を社長室に呼びつけました。おそらくこのとき社員は、クビを覚悟で社長室に入ったでしょう。想像するに、胸はドキドキ足はガクガク、社員は社長がさぞかし怒っているんだろうなーと、恐る恐る顔を見ると、やはりものすごい形相で社員を睨んでいる。社員の頭の中には「次の仕事は何をしよう」と転職のことまであったと言います。

しかし、友人は開口いちばん、社員に言いました。

「失敗は誰にでもあるさ、気にするな」

えー！　うそー！　罵倒されてぶん殴られても当たり前なことをしたのに……そのひと言で社員の気持ちはいっぺんに明るくなりました。地獄から天国へ。社員は一生、社長のために尽くしていこうと決心しました。

このとき、もし社長から「何てことをしてくれたんだ！」「会社は大損だ」「おまえは能なしで人間のクズだ！」なんて言葉を投げつけられていたら、まさに気持ちは地獄にまっさかさま、でしょう。社長への逆恨みもしたかもしれない。

後日、友人にこのときの気持ちを聞きました。

じつは、その社員の顔を直視した友人の腹の中は煮えくりかえっていたと言います。

「この男のミスで会社は大変な損失を出してしまった。許せない。大馬鹿野郎が。なんでこんな奴がうちにいるんだ。ほかの社員に任せればよかった」と心底思ったそうです。

でも友人は冷静に考えた。「私のひと言が、この社員の運命を左右するのだ」と。

過去のミスを責めても会社はもとには戻らない。それより、この男が立ち直るためにはどうしたらいいか、今以上に会社のために働いてもらうにはどうしたらいいか、熟考したそうです。

「自分のストレス発散のための、自分の感情に任せた言葉を、決して相手に使ってはいけない」

これが友人の信条でした。そこで友人は、そのときの感情とは裏腹の、でも、いちばん効果のある「言葉の選択」をしたのです。

人は、他人が発したひと言ひと言によって、いかに気持ちを左右されて毎日を生きているか。ごく当たり前のことのようですが、じつは私たちの心は、人から投げかけられた「言葉の選択」によって救われもし、そして落ち込みもするのです。

先日、私が山手線の電車の中で、両手に目いっぱい重い荷物を持って立っていると、私の前に座っている20代の女性が「大変ですね、かなり重いでしょう? 私がひとつお持ちしましょうか?」とやさしい声をかけてくれました。私のことを席を譲るほどの年齢でもないと思ったのでしょうか、とても柔和なトーンで話しかけてくれたのです。

「いえ結構です。ありがとうございます」と私は遠慮しましたが、でもそのやさしいひと言が、その日一日中私をハッピーにしてくれたのです。

見も知らない女性のそのたったひと言で、なぜ人は幸せな心になれるのでしょう。今の若者も捨てたもんじゃない！　私も誰かに声をかけたいな、なんてルンルンな気持ちになったのです。

おそらくあのとき、電車の中にいたほかの誰もが私の荷物を持ってあげたいとか、大変だろうな、などと心の中では思ってくれていたかもしれない。なにしろ大荷物を両手に抱えていましたから。でも、言葉でその気持ちを表してくれなければ、当たり前ですが、伝わらないのですね。赤の他人同士ならなおさらです。

だから、若い女性に投げかけられたその「言葉」が、私に幸福感を生みだしてくれたのです。見も知らない人間からのひと言が、他人の行動や気持ちを変えるのです。

だから「言葉」は人を救うツール、救急救命タンカ、のようなものです。

言葉によって元恋人を自殺させた男

逆のケースもあります。言葉が人を殺してしまうのです。

以前、ニュースにもなりましたが、某有名大学在学中の女性が、同じ大学に通う元彼とのスマートフォンのＬＩＮＥ（ライン）でのやりとりがもとで、ビルから飛び降り自殺しました。

女性にふられた男のほうが、ふられた腹いせに、しつこく「おまえなんか死んでしまえ、自殺しろ、ビルから飛び降りろ」とＬＩＮＥに書き込んで何度も何度も送っていたそうです。女性には新しい彼氏ができていたそうですが、その言葉のとおり、彼女はビルから身を投げて自殺してしまったのです。結局、男は「自殺教唆」の疑いで逮捕され、ニュース番組で大きく顔が映されていました。

何が彼女を追い詰めたのでしょうか？

ふられたあとに男がストーカーのようにいやがらせをしたことは、想像にかたくありません。でも、彼女は新しい恋人ができたのなら気持ちを強く持てたはずです。何も死ななくてもいいのにと誰もが思うでしょう。しかし、現に男とのＬＩＮＥのやりとりが決定打になり彼女の気持ちを地獄に落としたのです。「死ね」「おまえなんて飛び降り自殺してしまえ」

まさに「言葉」が彼女を死に追いやったのです。

言葉は「ゆりかご」にもなり「凶器」にもなるのです。
あなたの中にはどちらの言葉がありますか？

マイナス思考の日本人を変える「ほめ言葉」

第2章でご紹介した脳科学者で医学博士の中野信子さんにうかがった、興味深いお話をもうひとつしましょう。

現代医学においては、人間の幸福感や気の持ちようは「脳科学的に分析できる」というのです。

たとえば、脳から分秘される「セロトニン」という神経伝達物質は、脳機能を安定させる働きがあり、安心感や満足感という感情を生みだすものとして今ではすっかり有名になりました。

「うつ病」の人はセロトニンが脳内に足りないということもわかってきています。

このセロトニンが神経細胞に取り込まれるときに活躍するのが、「セロトニントランスポーター」と呼ばれるたんぱく質です。つまりポンプのような役割を果たす物質です。この物質が多い人と少ない人がいて、少ない人はセロトニンをうまく使うことができずに「不安」を感じる度合いが大きくなるそうです。

このセロトニントランスポーターが少ないタイプの人が、日本人だと7割ほどいるといいます。ちなみにアメリカ人は2割程度です。つまり日本人は脳科学的に見ても、欧米人に比べて、自分に対して厳しく、危機意識を必要以上に見積もる人が多いのです。それがたしかに「謙譲の美徳」にもつながってはいますが、やはり「私ってダメな人間なんだ」と自信を喪失する原因にもなっているわけです。

言い換えると日本には「現状肯定派」より「否定派」のほうが多いということです。その傾向は若者たちにも顕著に出ています。

2013年に「若者の自信度調査」が行われました。日本、韓国、米国、英国、ドイツ、フランス、スウェーデンの7ヵ国の、13〜29歳の男女を対象に実施。各国1000人ほどに、自分の家族や社会に対する意識をインターネットで調査をしました。

「自分自身に満足している」と回答した人は、日本人は45・8%で最下位、他国は70%を超えました。「自分の将来に明るい希望を持っている」という人の割合も、日本が61・6％で最低。残り6ヵ国は80％を超えました。このほか、「自分に長所がある」「40歳になったとき幸せになっている」でも日本は最下位。一方で、「自国のために役に立つことをしたい」はトップでした。

「誰かの役に立っている」という幸福感

やはり日本人は若い頃からマイナス思考が強く、その理由も「セロトニントランスポーター」の量が少ないからだ、と中野さんは言います。

世界的に見れば、発展途上国などに比べ、日本はかなり恵まれた環境にあることは誰もが認めることだと思います。ただ経済的にいくら豊かでも、幸福かどうかを感じることとは別なようです。

「しあわせはいつもじぶんのこころがきめる」（相田みつを）という名言のとおり、自分自身がいかに今の自分を肯定できるか、幸せを感じられるかです。

では、脳科学的にも幸せを感じにくい日本人が、これから幸せを感じながら生きていくにはどうすればいいのか。

幸福感は個人によって千差万別でしょうが、脳科学的に見てみんなにあてはまるような「共通する」ことはなんでしょうか。

中野氏によると、それは「自分が誰かの役に立っているという実感」を持てるかどうかだと言います。

幸福感を味わっているときは、脳のある特定の部位に反応が現れるそうです。たとえば、自然科学研究機構生理学研究所が研究したあるデータがあります。この研究では、平均年齢21歳の男女20人にふたつの体験をしてもらいました。

ひとつは、「カードゲームで勝ち大きな報酬を得る」という体験。

もうひとつは、「他人からほめられる」という体験。

そしてその体験後、機能的核磁気共鳴画像法（ｆＭＲＩ）という装置を使って、それぞれの脳の血流変化の反応結果をまとめたのです。

すると、どちらの体験のときも同じように、脳の「線条体」と呼ばれる部分が活発に反応していました。つまり、他人からほめられることは脳にとって大きな喜びとなり、お金を受け取ったときと同じように幸福感を得ることが証明されたのです。

また、中野氏が言うには、現生人類と、それ以前のネアンデルタール人の脳を比較すると、明らかに異なるものがあるそうです。それは、脳全体はネアンデルタール人のほうが大きいのに、脳内の「前頭葉」という部分に限ると、現生人類のほうが大きいという事実です。

前頭葉とは、人間らしさを保つ中枢脳であり、特に「前頭連合野」という場所は、社会性や創造力、共感する力、計画性、思考力など、人間たらしめる能力を司っています。人類の長い歴史は、ほかの動物と比べて、この「社会脳」と呼べる「前頭葉」が発達したからこそ、おたがいに協力し助け合い、これだけの文明社会を作り上げていったのです。

つまるところ、自分自身だけ利益を得ようという利己的な行動ではなく、他人のために行動することが、人類の長い歴史の中で学習していった「本能に基づく」行動なのです。だから「他人のためにいいことをすると気持ちがいい」というのは、じつは人間としての「本能的な」行為なのです。

こうしたことを考えると、生きる意味を見いだせずに落ち込んでいる人には、「他人のために行動し」「他人からほめられること」をすれば、人生の活力を得られることは間違いないということがわかるでしょう。

脳科学の観点から見ても、言葉を駆使して「他人をほめたり」「他人のためにに行動すること」がどんなに生きる喜びにつながるかがわかります。

なぜ多くの人が、ボランティア活動に夢中になるかもわかる気がしますね。それはじつは、ほかの動物にはほとんどない「人間の本能」からのものだったのです。

だから、言葉を駆使して相手のいいところを指摘してあげる行為は、自分のためにも有益なのです。

ここで言葉の効能が発揮されます。「よ、すごいね、君は!」と言っただけで、脳医学的に、言ったほうも言われたほうも、おたがいに体にいいなんて「ほめる会話は薬と同じ」ですね。

第5章

会話を冷ます「気になる話し方」

クレームを受ける間違った言葉の使い方

私は30年以上アナウンサーという職業を続けています。

これだけ「アナウンス屋」をしていると「アナウンサーなのにそんな言葉の使い方をしていいんですか!?　もっと勉強してください」と、視聴者の方からお叱りを受けたことが今までに何百回もありました。

ですから、日本語に敏感になり、最近の日本語の使い方に対してどうしても苦言を呈したくなることがたびたびあります。コミュニケーションの基本である言葉そのもので間違わないよう、やはり日本語の正確な意味を知ることは大切です。これからいくつか例を挙げてみますので、みなさんもふだん自分が使っている意味と比べてみてください。

【さわやか】

私がＮＨＫ新人時代、北九州市の公園からラジオの中継をしました。

「5月に入って、ここ小倉城を見渡せる公園にもさわやかな風が吹きわたっています！」

自分ではなかなかうまく言ったなと思っていたら、すぐに苦情がたくさん来たのです。

「さわやか、という言葉は俳句では秋の季語です。日本人が大切にしてきた季節感を言葉のプロフェッショナルであるアナウンサーが守らないとはどういうことですか！」

それ以降、私は秋以外の季節に使うときは「すがすがしい」という言葉に言い換えています。

「石川遼選手はさわやかな顔でインタビューに答えてくれました」などの、天候以外の比喩で使う場合のみ「さわやか」は許されます。「さわやか」は要注意言葉です。

そうかー、今までの人生、俳句の季語を意識して生きてこなかったなー、とそのとき、「さわやかに」納得しちゃいました（笑）。これまで本当に、視聴者の方に何度も言葉に関して本来の使い方を教えていただきました。

【潮時を迎える】

ある夫婦の会話「私たち、今、潮時を迎えているわね」。

さあ、この夫婦は間もなく別れるか否か。

「潮時」とは、あることをするためのちょうどよい時期、好機を言うのです。ですから潮時を迎えた夫婦とは、結婚生活の中でもいちばんうまくいっている状態をいいます。

でも、あなたは、今にも別れてしまいそうな意味で使っていませんか？

【失笑する】

「あいつのくだらない話に、私は思わず失笑しちゃったよ」

さて、失笑とは、馬鹿にしたように静かに笑うことか、それともおかしさに堪えきれずに噴きだして大笑いすることか、どちらでしょうか？

今は前者で使うことが当たり前になっていますが、じつは本来は後者、大笑いすることなんです。これからはあなたも健康のために大いに失笑してください。

【憮然とする】

「その話を聞いて父は憮然とした」

これ、お父さんは話を聞いて、怒ったような表情になったんでしょうか？　それとも、がっかりした表情になったんでしょうか？

「憮然」とは失望してぼんやりするさまをいいます。失望でむなしくやりきれない思いでいる状態をさすのです。だから、怒っているように使うのは間違いなんですね。

【檄を飛ばす】

今は、「元気のない人に刺激を与えて活気づける」という意味で広く使っていますが、本来は「考えや主張を広く人々に知らせて同意を求めること」をいいます。「ゲキ」という語感から「刺激」を与えるような意味になっていったようです。

「先生は、生徒たちに『うるさいからみんな静かにしろ！』と檄を飛ばした」という文章が成り立つわけです。

【役不足】

「今度の異動で、私は、営業部の部長を拝命いたしました！　私には役不足かなと思いますが、一生懸命やりますのでどうぞよろしくお願いします」

彼は謙遜してあいさつしたつもりですが、会場にいた人の中には「傲慢なやつだな」と思う人もいることでしょう。「役不足」とは、その人の力量に比べて仕事（器の大きさ）

が不足しているという意味。「私には役不足」というと、私にはもっと実力があるのに、こんなに小さな役職しか与えられなかった、と言っていることになるのです。「力不足」と混同して使ってしまう人が多いのです。

【敷居が高い】

「あのレストランは私にとっては高級すぎて敷居が高いわ」

よく聞く言葉ですが、じつは、敷居が高いとは、ある人に不義理をしていて再びその人を訪ねるには申しわけなくて敷居がまたげない状態をいいます。

「去年おれのほうから彼女に別れを言いだしたんだから、彼女の家の敷居は高いよ」と使うのが正解。だから、高級だろうが何だろうが、そのレストランに不義理をしていない限り堂々と勇気を持って高い敷居を乗り越えてください。あとは食事代が払えるかどうかの問題だけです。

【情けは人のためならず】

2010年度、「国語に関する世論調査」（文化庁）で、「情けは人のためならず」の意

味を尋ねたところ、

（ア）人に情けを掛けておくと、巡り巡って結局は自分のためになる　45・8％
（イ）人に情けを掛けて助けてやることは、結局はその人のためにならない　45・7％
（ア）と（イ）の両方　4・0％
（ア）（イ）とは全く別の意味　1・9％
分からない　2・6％

という回答結果となりました。正解は（ア）ですが、（イ）の「その人のためにならない」と思っている人がほぼ同数もいるんですね。ちなみに、（イ）を選んだのは59歳以下の年齢が多かったそうです。

この「ためならず」は「ためあらず」が変化したものです。「情けは人のためあらず」つまり、人のためだけではなく、ひいては自分のためなんだよ、ということです。「人に情けをかけると、それが巡り巡って自分にその情けが返ってくるから、どんどん人に情をそそぎましょう」というのが正しい意味です。

仏教の因果応報の教えが言葉になったものなのでしょう。それがいつのまにか「人に情けをかけるとその人はその情に左右されて自分でなんとかしようという気持ちがなくなる。だからむやみに人に情けをかけるのはやめましょう」という意味に変質してしまったのです。まさに、真逆の意味に使われているのが現状です。

お釈迦様も嘆いていることでしょう。

相手に気持ちのいい日本語の予備知識

上手な会話を身につけるためには、やはり、もっと言葉そのもの、日本語そのものにこだわって生活してほしいなー、もっと敏感になってほしいなーと常に思います。もちろん自戒の念もこめての話です。

なぜなら、私たちは、小学校から国語教育を受けていますが、教室の授業は「読み書き」中心で、「話すこと」「聞くこと」「議論」「プレゼンテーション」のように、声を出したり日本語のヒヤリングの勉強といったものはほとんどしませんでした。第一そうしたことを教えるノウハウを先生自身が持っていないのです。

だから、古典や文豪の作品などの名文に触れ、解釈をする機会は多いのですが、今現在生きている人が話している日本語の面白さや変化については、ほとんど教わりませんでした。もちろん、読んだり書いたり名作を解釈することは重要な勉強ですし、豊かな人生観を身につけるためには必要なことです。しかし、日常のコミュニケーション力を上げるための教育をもっともっと豊かにしていかないと、国際的に活躍できる人材がなかなか育たないのです。

だからこそ、ふだん使っている日本語についてももっとこだわって考察していきましょう。

「自分の日本語は正しい」と思っていませんか？

直木賞作家であり劇作家や放送作家としても活躍した井上ひさしさんには、私が司会を務めたＮＨＫの「スタジオパークからこんにちは」や「１００年インタビュー」などで、数多くの示唆に富んだお話をうかがいました。

私は井上さん脚本の芝居やドラマのファンでしたので、多くの芝居を拝見してきたものです。井上さんは「ひょっこりひょうたん島」の作者でもあり、「父と暮せば」「吉里吉里人」など芝居やドラマなど膨大な作品を残した作家です。

その井上さんによると、「いつの時代にも『言葉が乱れている』ということを主張する人が必ずいます。そういう人の特徴は『自分の日本語は正しい』と確信していることです。でも、もともと方言だらけだった日本には『正しい言葉』なんて概念はあてはまらない、もっと『出入り自由』な発想を持ちましょう。そのためにも、日本語の変遷をできるだけ知っておくことが大切なことです」と力説されていたのを思いだします。

【とても】

たとえば、「とても」の使い方。「とても間に合わない」「とても美しくない」と、本来は否定をともなって使われなければならないのに、今では「とても綺麗」「とても広い」「とても大人しい」など、状態や程度を強調するために肯定的にも広く使われています。

あの文豪・芥川龍之介は随筆の中で、「こういう誤用は非常に不愉快だ、日本語は乱れている」と書いています。つまりその頃は「とても素晴らしかったね」と言ったら、「まったくひどいできだね」という皮肉を強調することに使っていたらしいのです。民俗学者・柳田《やなぎた》国男にも「とても寒い」という言い方に、「飛び上がるほど驚いた」という記録があるとか。しかしいくら芥川龍之介や柳田国男が主張しても、「とても寒い一日」という肯定の用法は、現代ではなんの抵抗もなくなりましたね。

【全然】

「全然」も同じです。この言葉も必ず下に否定がきました。「全然元気じゃない」「全然正しくない」と当時は言っていました。

今は「全然元気です」「全然正しいよ」と言っても全然OKでしょ？（笑）

ただ、夏目漱石や芥川龍之介の小説にはけっこう「全然ひまだ」や「全然〜だ」と肯定的に使われている文章があるんですね。だから、これは推測ですが、もともと昔から肯定否定の両方で使っていたものが、時代の流れとともに否定だけに使われるようになり、そして今はまた再び両方使われるようになったのではないか。

しかし、現代において、肯定といっても「全然理解できる」という使い方には私は違和感を覚えます。「やはり全然理解できなかった」のほうがすっと落ち着きます。でも今の学生に聞くと「全然理解できた」「全然理解した」でもまったく違和感がないらしい。みなさんはどうでしょうか？

言葉遣いは世代によっても受け止め方が違うものですし、言葉とはなんと時流に影響されやすいのでしょうか。

【言葉の吸収合併】

日本語の面白い特徴として、単語と単語がくっつきやすい傾向にあります。

「着ぶくれする」は「着る」と「ふくれる」が合体したもの、これはまだ素直な合体の仕方。

「やぶく」は「やぶる」と「裂く」が合体しちゃったもの。

「ちらばす」は「ちらす」と「とばす」が一緒になった。

「だまくらかす」、これも「だます」と「(姿を) くらます」を一緒にした造語。

「うたぐる」は「うたがう」と「さぐる」。それに「ふかい」がくっつくと「うたぐりぶかい」になる。

「サボる」はフランス語の「サボタージュ」を動詞化したもので、これは日本語と外国語がくっついた例。今ではまるで大昔からあるように使われていますね。このように日本人は「言葉の吸収合併」が好きだし、得意なのがわかります。

ところが、今まで見てきたように、その言葉が生き残るかどうかは、その時代に生きている人々の選択に任されているのです。

大正から昭和の初期にかけて、「パパ」や「ママ」が流行り始めたときに、当時の政治家や識者たちは、古き良き日本人の親への敬慕の念が薄れてしまうと危機感を抱いて使用禁止を訴えたといいます。

「デモ」も「デモクラシー」も大衆を扇動しそうだから使ってはいけない、「エネルギー」という言葉も、「大衆のエネルギーの爆発」のようなイメージがあるから使用禁止にすべき、と。それでも残るものは残る。どんなに一部の人が啓蒙しようと、言葉の流行は止められないのです。

だから、言葉の「誤用」のいきさつや歴史を確認していくことは意義のある作業ですが、「日本語が乱れている」と、目くじらをたてることに神経をそそいでもあまり意味がないのです。

ここで肝に銘じたいのは、だからこそ、言葉そのものにこだわりを持ち続け、芥川や柳田などが「表現者としての正しい言葉のあり方、使い方」を追求したように、私たちも相手に違和感を与えないような「気持ちのよい言葉」とはどんなものかを考えていかなければいけないな、ということです。

若者の100%が敬語を必要と考えている

今どきの若者は敬語を使えない、使う必要がないと考えている、と憂えている大人を驚かせたのが、2013年度「国語に関する世論調査」の結果です。敬語を「必要」とする割合が10~20代の若者では100%に達していました。

そう、日本では、敬語は絶対に必要な言葉遣いなのです。それは、日本人特有の「協働意識」とでもいうか、一緒に何かをやり遂げていく過程で、相手を敬い、自分は謙虚に、そしてやさしい心で接することを何よりも大切に考えてきた国民だからです。

遊牧民が自然と闘いながら生活してきたのとは対照的に、われわれ農耕民族は自然の中に調和しながら集団で生きていくことが最優先されました。個人個人が争いながらぶつかり合っていいことは何もなかったのです。だから年長者を敬い、年功序列を大切にし、謙譲の美徳が尊ばれました。

それが日本語そのものに「敬語」として表現されるようになっていったのです。時代が変わっても、敬語が上手に使える人ほど、日本社会では尊重されます。

特に、敬語の上手な若者は企業に引っ張りだこです。なぜなら、敬語は営業での大きな武器になるからです。

敬語の上手な人を真似するのが早道

ところが、会話での敬語は一筋縄ではいきません。外国人が日本語の中で敬語の使い方がいちばん難しいと嘆くのも無理はありません。それは、日本人の上下関係を如実に表す言語であると同時に、その使い方の決まりが複雑だからです。

たとえば、ていねいな言い方として、和語には「お」漢語には「ご」をつけて敬語を作るのが原則とされると私は習ってきました。

お久しぶり、おなつかしい、お作りになる、お決めください、お食べになって、お楽しみ、など。

ご結婚される、ご長男ですか、ご記憶願います、ご臨終です、ご家族、ご報告、というように。

しかし、例外として、お仲間、お醤油、お下劣、お仕事、のように漢語に「お」がついたり、一方で「ごゆっくり」「ごもっとも」のように和語に「ご」がついたりする場合もあります。

例外がこんなにも多いと、もう例外とも言えません。

私が小さい頃、祖母から「おみおつけ」は日本でいちばんのごちそうだって知っているかい？　と聞かされてきました。というのも、味噌汁の別称「おみおつけ」は「つけ」に「お」がついて、それに「御（ミ）」がついて、さらに「御（オン）」が上についたから、3つも尊敬語がついている食べ物なのです。だから味噌汁こそまさに最上の日本食です。

また、「れる」「られる」という助動詞をつけると、あらゆる動詞は敬語になる、と教えられてきました。

「来る―来られる」「食べる―食べられる」「見る―見られる」「歩く―歩かれる」「痛がる

――痛がられる」……など。しかし「できる」は「できられる」「できれる」とは言いません。「おできになる」と言うしかありません。

つまり、敬語には完全なるルールがないのです。ですから、敬語は、ルールを探すよりも使えば使うほど、また敬語の上手な人の話し方を聞けば聞くほど上達し、使い方も巧みになります。もっと言えば、敬語は「本当に相手を敬って使っているか」その気持ちの持ち方が問われるものなのです。

そのことを頭に入れて、まず敬語の基本を見ていきましょう。敬語はご承知のとおり、「尊敬語」「謙譲語」「ていねい語」の3種類です。

尊敬語は相手を敬う言葉、謙譲語は自分がへりくだって言う言葉、ていねい語は、上品に文字どおりていねいにやさしく言う言葉です。

たとえば、「言う」の尊敬語は「おっしゃる」ほかたくさんの表現があります。また、謙譲語は「申す」ていねい語は「言います」「話します」です。

目上の人が、目下の私にとても含蓄のある話をしてくれた場合、あの方は私に素晴らしいことを「言われた」「話された」「お話しになった」「言ってくださった」「お話しくださった」「おっしゃった」「おっしゃられた」「おしゃべりになった」「おしゃべりくださった」などさまざまな表現があります。

これをわかりやすく分類してみると、尊敬語には、「言われる」「話される」のように単純に「れる、られる」を入れる「られる法」と、「話す」を「おっしゃる」のように別の表現に変える「交換法」と「お話しになった」のように少し言葉を足す「付加法」の3つのやり方があることがわかります。このことをまず覚えておいてください。

「食べる」も尊敬語には3つあり「食べられる」(られる法)、「めしあがる」(交換法)、「お食べになる」(付加法)です。

そして、謙譲語は「いただく」ていねい語は「食べます」。

まあ、こうした規則も会話の中で覚えていくのがいいでしょう。

また謙譲の気持ちの表し方も、語句そのものだけではありません。

「粗品ですがどうぞお受け取りください」「僭越ながら私が最初に話をさせていただきます」「高いところから失礼します」「私の愚息(愚妻)がこんなことを申していました」と、本当は、そんなに粗品でもないのに、そんなに僭越でもないのに、東京スカイツリーほど高いところでもないのに、愚かな息子でも妻でもないのに、しかもそんなに自虐的に思ってもいないのに、こういう表現をすると「こいつ、謙虚ないいやつだな」ということになるのです。

目の前の人を呼ぶ敬語が見つからない

さらに、敬語にも慣習的な使い方があります。たとえば、会社の若手社員が年上の部長に、ねぎらいの気持ちで「ご苦労さまでした」というのは失礼にあたります。「ご苦労さまでした」は目上の者が目下の者に言う言葉です。目上の人には「お疲れさまでした」ならいいでしょう。

また困ったことに、目の前の人を敬う場合、二人称の選択肢が少ないのです。一人称「私」「ぼく」、二人称「あなた」「おまえ」、三人称「彼・彼女」「堀尾さん」ですが、日本語の二人称の尊敬語が見当たらないのです。

会社の上司に「おまえ」は絶対使わないですし、「あなたは」と言うのも失礼にあたります。「おたくさま」は堅すぎる。「君」も「貴様」「てめえ」も論外です。英語なら上司に対しても「You」ですむのに、日本語には適当な二人称がありません。

戦国時代には武将の妻が夫に対して「お前様」と尊敬語で呼んでいました。ですが、今の「お前」は乱暴な言い回しになってしまいました。

たとえば、京都の街を旅行に来ている若者が、歩いている人に清水寺までの道を尋ねたとして、「すいませんが、ちょっといいですか？　あなたは清水寺に行く道を知っていますか？」とは聞きにくいでしょう。

「すいませんが、ちょっといいですか？　清水寺まではどう行くか知っていますか？」と、「あなたは」という言葉は省くのではありませんか？

なぜなら、「あなたは」は不躾に聞こえるからです。会話上の「あなたは」は不躾に聞こえるからです。なぜか上から目線に聞こえるからです。妻が夫を呼ぶときに「ねえ、あなた〜」と言っていた時代もありましたが、今はほとんど言いませんよね。

だから、日本語の尊敬語の二人称は省かれるのが普通です。会社だったら「〜部長」「〜専務」と肩書をつけて呼ぶか、商売関係だったら「お客様」と呼ぶか、政治家や医者だったら「〜先生」と呼ぶか、ある一定の組織の中の役割を付加して「あなた」の代わりにするのです。

ですから、たとえば、かつて私の会社の上司で今は専業主婦をしている女性に対しては、三人称と同じ「鈴木さん」「嘉子さん」など名前で呼ぶしかないのです。「君は」「あなたは」「おたくは」「あんたは」「あなたさまは」……いずれもそぐわないですよね。

敬語のお蔭で人間関係の距離を習得できる

オリンピックでメダルをとった有名なアスリートがテレビのインタビューで、「ここまでやれたのはうちのお母さんのおかげです」と話していました。でも私の世代からするとやはり違和感があります。身内なんだから「うちの母のおかげです」と言ってほしい。

自分の身内について第三者に話すときは「父が、母が、姉が」が謙譲語になるのですが、最近の若者は「私のお姉ちゃんが言っていたんですが……」などと平気で言います。

さらに、社会に出ると、自分の属する組織は「身内」と同じですから、外来の客に対して「うちの課長、田中と相談してみます」と呼び捨てで表現するのが普通です。「うちの田中さんと相談してみます」とは言いません。

会社内の社員同士だったら「田中さんがこう言っていたよ」と言うけれど、外の人には「田中がそう申しておりました」と謙譲語に変わります。

敬語は、常に、相手が基準で決まるのです。相手の立場や年齢や力関係や長いあいだの慣習で使い方が異なります。

では、この場合はどうでしょう。妻（嘉子）の母親（夫の義理の母親）から夫に電話がありました。

母「嘉子いるかしら？」

この場合、

夫「お母さん、嘉子は今出かけているんですよ」

と呼び捨てでいいか、

夫「お母さん、嘉子さんは今出かけています」

と、「さん」をつけるべきか、どちらを使うか？　とても細かいことですが、こういう場面の呼称ひとつで悩むのが日本の敬語の難しさなのです。

「嘉子」と呼び捨てにしたら、「あら、いくら結婚したからといっても目上の私が大事に育てた娘を呼び捨てにするなんて失礼だわ！」と思うかもしれないし、「嘉子さん」だったら「いやだー、他人行儀だわ、この人は私の娘の尻にしかれているのかしら」と思うかもしれません。

このめんどうくささが、微妙に距離感を計りながら「相手をおもんぱかる」という、まさに日本語会話の特徴です。おっと、めんどうくさい、と言ってしまいましたが、こうしためんどうくさい敬語を習得できるかできないかに、あなたが、人間関係の奥深さを表現できる会話の達人になれるかどうかがかかっているとも言えるのです。

ですから、みなさんは、敬語を上手に使える名手になってください。そのためには、毎日の日常会話の中で敬語を「意識的に」使ってみることです。たまには、父親に、母親に、妻に、夫に、友達に「敬語」を入れて会話してみてください。意外にすがすがしい気持ちになるものです。なぜなら、敬語は、相手のことを大切に思う言葉だからです。

「今日は、夕食を作っていただいてありがとうございます」「洗濯物をたたんでくださって恐縮です」ただし、皮肉にとられないように、逆効果にならないように、心から、上手に言ってくださいね（笑）。

最上の皇室敬語と戦後の皇室敬語

日本語の最上級の敬語は、なんといっても皇室や皇族に対する言葉です。私も放送の現場で、いつも皇室敬語には苦慮しています。今の時代、逆に過剰な敬語にならないようにも気をつけています。

戦前は皇室にしか使わない特別な敬語がありました。

昭和20年8月15日に大手の新聞に掲載された「最後の特別な皇室向けの敬語」が使われている記事を一部紹介します。

そうです。あの有名な詔書への記事です。

「天皇陛下におかせられては優渥《ゆうあく》なる御詔勅《ごしょうちょく》を発したまひ再建日本の大道《だいどう》、一億臣子の嚮《むか》ふべき方途を炳乎《へいこ》として御昭示遊ばされたのである、いま三千年の歴史を劃《かく》する聖断を拝するに至つた十四日の御前会議の御模様を洩れ承るに御席上宣《のたま》はせ給うた御言葉の一節一節はこれみな一億草莽《そうもう》の肺肝を貫き通して余りの畏《かし》こさ、忝《かたじ》けなさにたゞ五体のワナ〳〵と震ふを禁じ得ない」（ルビは編集部による）

こうした日本人として最高の尊敬の念を表現した文章はこの日が最後と言っていいでしょう。皇室敬語は、現在は一般敬語のうちの最上位のものを使うことになっていて、それもあまり過剰にならないようわれわれも配慮しています。

言葉遣いが誰より気になる職業ですが

アナウンサーという仕事をしていると、前述のようにどうしてもほかの人よりは言葉遣いに敏感になります（当たり前か！）。いや超敏感になります。

あらあら、敏感に「超」をつけてしまいました。私が新人の頃でしたら「超敏感になりました」なんてテレビ番組の中で発言しようものなら、「アナウンサーのくせになんて雑な言い方をするんだ」とお叱りを受けるでしょう。「とても敏感になりました」「かなり敏感になりました」「大変敏感になりました」と言い換えていたでしょう。

でも今の放送なら「私は世の中の動きに超敏感になりました」と言っても、そんなに違和感はないだろうしお叱りもそんなに多くは来ないと思います。

「この町には超かわいい犬のペットが数多く住んでいますが、超動物嫌いの人たちは超むかつく町になってしまったと超残念がっています」なんていうアナウンサーのリポートが、普通にテレビから流れる時代が来るかもしれませんね。ああ、超こわ！

この「超」という表現はもともと静岡地方で使われていた方言が、マスコミを通じて全国に広まったという説もあるようですが、とにかく日本語がどんどん変わっていくことに、私たち「言葉の使い手」たちがついていけない状況もあります。「ナウいじゃん」なんて言っていた時代もありましたし「チョベリグ」（超ベリーグッド）が流行ったときもありましたが、どちらももう今では死語になっています。

日本語学者の金田一秀穂さんから聞いたのですが、「だらしない」という言葉も江戸時代には、「しだらない」としか言わなかったそうです。それを当時の若者が面白おかしくひっくり返して話しているうちに「だらしない」となっちゃった。しかももともとの「しだらない」は消えちゃったんですって。

「変化するからこそ言葉は面白いんだから、あんまり目くじら立てることはないんですよ、堀尾さん」と言われました。日本語学の第一人者である金田一さんがおっしゃるんだから間違いない。

日本語は変わらないって「信じてこれたかなぁ♪」

「ら抜き言葉」も相変わらず「横行」していますね。20年ほど前にフジテレビが主催したイベントにデカデカと「テレビじゃ見れないフジテレビ」と出してきたときは、かなりセンセーショナルでした。自ら進んで正確な言葉を使うべきメディアが、不正確な言葉をスローガンにするとはいかがなものかと、反響は大きかったようです。

では、今はどうでしょう。若い人は特に抵抗なく、きっとこのスローガンを受け入れるでしょう。もちろん私はアナウンサーの仕事が長いので、「ら抜き言葉」をすぐ「ら入れ言葉」に直しますが。

先日、大学の講義で200人ほどの学生たちに、「テレビが観れる」と「テレビが観られる」のどっちを使っているか聞いたら、なんとひとりを除いて「テレビが観れる」を使っていると答えました。

第一「観られる」は、舌を多く使い、言いにくいし、尊敬語とも混同しやすいので「観れる」で何が不都合なのか、と逆に質問さえも出たくらいでした。たったひとりの「観られる」派の女子は「うちは両親が言葉遣いにうるさいので、仕方なく言っているだけです」とのたまう始末。

これが50代から70代を中心としたある講演で聞いてみたら、9割くらいの方が「観られる」派なのですね。「ら抜き言葉」に違和感を覚える世代です。

「小さい頃の洋服がまだ着れる」ではなく「まだ着られる」です。

「きれる」と言うと「洋服がまだ切れる」という意味にもとられかねません。

SMAPのヒット曲「夜空ノムコウ」の唄いだしの歌詞、

♪♪あれからぼくたちは何かを信じてこれたかなぁ♪♪

「信じてこられたのかな」が正確な表現ですが……。

やはり、こうしたヒット曲に代表される若者文化で使われる言葉が（これも作詞家が判断して使っているのですが）、やがて常套句になっていって、それが従来の正しい日本語の文法とは異なる表現になるのでしょう。

「ら抜き言葉」について金田一さんはこう言っています。

「正確な日本語を話さなくてはいけない、ということばかり考えるのでなく、その場に合った心地よい会話ができることがいちばん大事なんです。相手の立場や相手との関係、自分の立ち位置をきちんと踏まえてコミュニケーションができるかどうかが肝腎なことです。それは経験が少ない子どもにはできないことで、年を重ねて成長していく過程で、言葉の使い方を精査していくことができるのです。敬語の使い方、自分がへりくだった言い方、ざっくばらんなもの言い、どこでどういう表現をしたらいいか気配りができることがとても大切なことです」

つまり、「ら抜き言葉」などに対し「最近の日本語は乱れている」と嘆く人は、日本語が時代とともに変化しやすいということを理解していない、と金田一さんは言います。

そんな金田一さんも講演の中で、こんなことをおっしゃっていたことを思いだします。

「最近、腹が立つ言葉があります。学生が言う『はあ？』っていう言葉。教授の私に向かって『はあ？』はないでしょ。なんだその態度は、って。

でも学生たちは私にならこのくらいの話し方でいいや、と判断して、さらに親しみをこめて言ってくれているふしもある。それが昔と違う。私が若かった頃は教授とはまともに話せませんでした。でも今の若者はスーッと会話に入ってきます。そういう意味では、われわれの世代よりも今の若者のほうがコミュニケーション能力が相当高いとも言えるのです」

「お笑いタレントさんが言い始めて今も流行している『あざーす』（ありがとうございます）や『らっしゃい』『おっす』という言葉がありますが、こういう言葉を聞くと、私はちゃんとした言葉遣いをしろと腹が立ったこともありましたけれど、あいさつ言葉は本来短縮される傾向があると思えば、納得できるのです。

もしそれでも腹が立つ人がいたら、若者が発する言葉のブレーキ役になってあげればいいんですよ。ただ、それでも日本語の変化は進んでいきますよ」

言葉に対して超保守的・守旧派だとイメージしていた日本語学者が、こんなに柔軟なスタンスの持ち主とは、恐れ入った記憶があります。だから金田一さんの話は興味深いし若い世代にも支持されます。

アナウンサーは、サッカーで言えば「言葉のディフェンダー」です。世の中の最終ラインを守って、若者が使うスラングや誤用を次々と跳ね返していかなければならないポジションにいます。

でも、「しだらない」が「だらしない」に変化したように、言葉を守るだけではなく、世の中の動きに敏感になり、ときにはそれに合わせていく努力や勇気も必要なんだと、最近特に思うのです。最終的には、金田一さんの言うような「心地よい日本語」をどう発していくかが重要なのでしょう。

だから、「正確な日本語」だけを追求していくことに目くじらを立てるのは抵抗があります。やはり「相手を幸せにする日本語の会話」を求めていきたいものです。

第6章

すぐにうちとけられるおしゃべりの秘訣

「話を温めるあいづち」を身につける

あいづちは話し手に安心感を与え、心を開かせる大きな効果があり、「あいづち上手は聞き上手」とも言われるほどです。

実際、あいづちのない会話はほとんどあり得ませんね。話を聞くときには誰もが自然とあいづちを打っているものです。もしもこちらが一生懸命話しているのにもかかわらず、相手が何も反応してくれなかったら、私たちは不安になり、おそらく話し続けることができなくなるでしょう。

日常の会話では、それほど当たり前にあいづちは打たれています。しかし、そのあいづちにも上手下手があるのです。

上手なあいづちは、基本的に「話を温める」系統のあいづちです。話し手の話を盛り上げて、面白くなるように誘導していく、そんなあいづち。簡単な例を挙げると、「それ、あるある」とか「うんうん、面白いね」とか、自然と肯定的なあいづちが多くなります。

逆に、「ウソじゃないの?」とか「それはおかしいよ」とかいう否定的な言葉は、相手から話したいという気持ちを殺いでしまうのでおすすめできません。

「こだまの術」でもっと話が盛り上がる

意外と効果的なのは「こだまの術」です。第2章で述べたインタビューでやってはいけない「オウム返しの術」とは違いますよ。

「こだまの術」は多用しなければ効果があります。たとえば「オレ、じつは今、非常にヤバい状況でさ」と話し始めた相手に、「そうか、ヤバい状況なのか」などと、相手の言葉を反復して先を促すあいづちです。

私はこれを少し発展させて、相手の言った言葉の意味と同じ意味だけど別の言葉に言い換えて、まとめるようなあいづちを返すようにしています。この場合なら、「そんなに切羽詰まっているのか?」などと言い換えます。

あいづちには、調子よく話している相手の調子をさらに高める効果もありますが、言葉に詰まっている相手を手助けする効果もあります。適切な言葉が出てこなくなって言い淀んでいる相手に、「たとえばどういうこと?」とか「さっき言ってた○○ってどういうこと?」とか、話をふって助け船を出すようなあいづちです。あいづちの世界は、じつに奥が深いのです。

ただ、そうした効果がたしかにあるものの、あまり多用しすぎると相手の話の腰を折ってしまうことがあるので注意が必要です。それと、いつでも、どんな話でも同じ「なるほど」だけではいけません。こいつ真面目に聞いているのか、と思われてしまいがちです。できるだけ、バラエティーに富んだあいづちを使いたいものです。

日本にもたくさんの教室を展開している英国の英会話学校では、英会話の先生用の特別なセミナーを開いています。ここでは生徒が会話を進めやすいようにという理由で、あいづちの打ち方を指導していました。

あいづちには、たとえば同意のあいづち、驚きのあいづち、疑問のあいづちなど、いくつもの種類があり、それぞれのあいづちを何種類も用意して、それらを使い分けて生徒から話を引きだすようにしましょうと、教えていました。

「Yes! Yeah!」(だよね)、「It is」(そうですね)、「That's right!」(そうだね)、「That's true」(そうなんだ)、「Exactly」「Absolutely!」(ともに「そのとおり」)、「Maybe so」(そ

うかもね）、「That's good」「Fair enough」（ともに「まあ、いいでしょう」）、「Great!」（素晴らしい）

これだけでなくもっともっとありますが、あいづちにはバラエティーがあったほうがいいというのは洋の東西を問わず同じなのです。

さらに基本的なことになりますが、あいづちを打つときは目線の位置にも注意するべきでしょう。「それでどうなったの？」と関心があるようなあいづちを打ちながら、目線がよそを向いていたら、不誠実な印象を与えてしまいます。

そもそも、あいづちは「あなたの話が聞きたいんだ」という気持ちの表れですから、ちゃんと相手の話を興味深く聞けていたら適切なあいづちが出てくると思います。

「そんなつまらない話なんか聞いてられないよ」という気持ちでいれば、あいづちもおざなりになってしまいます。じつは面白い話なのに話し手がうまく説明できないだけかもしれませんから、そんなときも、上手にあいづちを使えば相手も話がしやすくなるので、面白い話を聞きだせる可能性が高まります。

上手なあいづち、イコール、相手の話を真剣に聞くこと、です。会話の潤滑油であるあいづちにはもっと工夫をしてみてもいいのではないかと思います。

勘三郎さんから教わったミラーリングの法則

相手の気持ちになってじっくり聞きながら、自分の伝えたいメッセージを届ける。その方法論について書いてきましたが、そのひとつのテクニックが心理学でいう「ミラーリング」です。多くの人に愛されて亡くなった歌舞伎俳優の中村勘三郎さんが、「女を口説くときはね～」と私に話してくれた必殺技がまさにそのミラーリングの手法でした。

勘三郎さんによると、バーやクラブで気にいった女性を口説くときに、その女性がグラスを持ち上げたら自分もグラスを手にとり、女性が脚を組み替えたら自分も……と、わざと同じ動きをするんですって。そうしているうちに、不思議とふたりのあいだに自然と親密な空気が流れるようになり、その女性の彼に対する目つきがやさしくなっていくのがわかるそうです。

「堀尾さん、これ本当なんだよ。一回あんたも試してみなって！」

あのイタズラっこのような表情が今でも忘れられません。

この方法を勘三郎さんは歌舞伎の舞台で学んだと言っていました。

心理学ではこれを「ミラーリング効果」といいます。人は好感を寄せている相手の仕草や動作を無意識のうちに真似てしまう傾向があり、そのため自分と同様の仕草や動作を行う相手に対していい感情を抱きやすいのです。

霊長類の脳には、ミラーニューロンという神経細胞があります。この神経細胞は特定の動作をしているとき活性化されるだけでなく、その動作をほかの個体が行っているときも同じように活性化します。つまり、相手の行動をわがことのように感じる神経細胞です。

『脳のなかの幽霊』（角川文庫、サンドラ・ブレイクスリー共著、山下篤子訳）というベストセラーを著した脳科学者のラマチャンドランが、「この回路を脳のほかのしくみと連携させたおかげで、ヒトは遺伝子の束縛から脱し、サルと袂を分かって短期間のうちに文化と文明を築き得た」というほどの大切な神経細胞です。「文明は模倣によって進化する」と言いますが、まさにこの神経細胞は「他者を真似ることのできる能力」を司るもの。

相手の行動を目にして、その人の気持ちが手にとるようにわかることがありますが、これもミラーニューロンの働きであろうと考えられています。人類だけその能力が発達したというのは、原始以降、ほかの動物より体力的に劣っている人類にとって、かたまって一緒に行動することが生き残るためには必要だったのです。おたがいに「共感すること」が個の生存にとって大事だったからでしょう。

相手の話を聞くとき、その話そのものに共感しながら聞くことが大切なのは前述のとおりです。誰でも、相手が共感してくれているとわかると、心を開いてくれるものです。

演劇の世界でよく「舞台と客席が一体となる」と言いますが、これはお客さんと役者の息遣いが同じになったときに起きやすいのです。歌舞伎俳優が舞台で大きく息を呑んだら、客席も息を止めてそれに見入ってしまうようなことがあります。そうやって無意識に同じ行動をとっているうちに、お客さんは登場人物に共感するようになり、登場人物の気持ちがわかるようになっていく。これも演者と観客の「共感力」を上げていく方法です。

勘三郎さんはそうしたお客さんとの一体感を、芝居を通じて実感していたのでしょう。女性を口説くときにこれを意識的にすると、女性は100人が100人無意識で好意を抱いてくれるようになるとおっしゃっていました。

こちらが笑ったら笑い返してくれたり、悲しい話をしているときに相手も悲しそうな表情をしていたら話しやすいという経験は誰にでもあるはずです。

目からの情報は人の心を開く必殺技

さて、脳に届く情報の7～8割は視覚から入ってくると言われています。これは心理学では「メラビアンの法則」と呼ばれる考え方で、カリフォルニア大学ロサンゼルス校（UCLA）の心理学者、アルバート・メラビアンが提唱しました。

メラビアンによると、人物の第一印象は初めて会ったときの3～5秒で決まり、そのための情報のほとんどを、見た目、表情、しぐさ、視線などの「視覚情報」から得ているというものです。それに対して、言葉そのものの意味や内容などの言語情報は1割程度でしかありません。だからこそ、表情や動作がコミュニケーションにおいては重要になるのです。ミラーリングが人の心を開く必殺技となる所以でしょう。ただ、あまりに露骨に相手の動きを真似していると、逆に「気持ち悪い」なんて思われることにもなりかねないので、さりげなくやってみてください。

人をほめるときも「見た目」の印象を伝えると効果的です。「素敵なアクセサリーですね、お似合いですよ」「髪型変えましたね、素敵ですよ」と言われれば、たとえお世辞だろうと思っても、悪い気はしないものです。小さな変化を見てくれているとわかるだけで、この人は私に関心を持ってくれていると感じることができるので、人はうれしいものです。結果として、いい雰囲気で話ができるようになること請け合いです。

私も講演会では、来場者に息遣いを合わせてもらえるように、意識的に問いかけたり手足を動かしてもらったり、拍手の練習などをします。言語情報だけではなく、非言語のコミュニケーションを総動員して、総合的な会話力が豊かになるよう工夫しているのです。

大事な商談がある方や、意中の異性がいる方は、このコミュニケーションの必殺技「ミラーリング」を、ぜひ一度実践してみてください。

「聞く力」が上達する3分トレーニング

ところで、どうしたら人は「相手の気持ちになる」ことができるでしょうか？

人が最も相手の気持ちを考えるのは、おそらく恋愛しているときです。「この人は今、自分と話していて楽しい気分なのか」「退屈していないか」「何を食べたいと思っているか」「次のデートはどこに行きたいのか」……。

恋愛中の人は常に相手のことを考えて、相手を喜ばせたいという一心で行動します。デート中にお腹が減って、自分はラーメンを食べたいけれど、相手が蕎麦を食べたいと言ったら、蕎麦が大嫌いでも「おれもちょうど蕎麦を食べたかったんだ」とウソまで言って、自分が苦手なことを相手に悟られないように、必死で美味しそうに食べるでしょう。

要するに、相手の気持ちになる早道は、「相手のことを好きになる」ことです。好きな人のことは何でも知りたくなるので、自分の話はさておき次から次へと聞きたいことがあふれ出てくる。興味を持たれて悪い気持ちになる人はいませんから、相手も心地よくなる。心地よい気分になるから話も弾む。楽しい会話ができたからその人に好印象を持つ。すべてが好循環になります。

苦手な相手へは「なぜ？」を見つける

もちろん、会う人をすべて好きになるわけにもいきません。なかには絶対に合わないタイプの人と話さなくてはならない場面もあるでしょう。ならば、好きにならなくてもいいから、「なぜ私はこの人が好きになれないのか」と自問自答し、相手を好きになれない自分の心と向き合ってみることです。

たとえば、相手の食べ方がきたない、口に食べ物を入れてクチャクチャ音を出す、あー、いやだ、こんな人とはおつきあいしたくないと思う。

でも、ちょっと待ってください。ではあなたは過去にクチャクチャと音をさせて食べたことが百パーセントなかったですか？　そもそも、クチャクチャするとどうして不快な気持ちになるのですか？　それは西洋式のマナーだからですか？　では日本では古来どんな食べ方が美しいとされてきたのですか？　などなど、どんどんさまざまに興味を広げていけばいいのです。つまり苦手な相手と出会ったときは、好き嫌いを言う前に、相手や、相手の行動に興味を持つというところから始めてみたらどうでしょう。想像力を働かせて相手のことを一生懸命考えてみるのです。

「この人は休みの日はどんなふうにすごしているのだろう」「どんな家庭で育ってきたんだろう」「小さい頃、なりたかった職業は何だろう」「愛読書は何だろう」「今日の朝ごはんには何を食べてきたのだろう」……。

考え始めたらキリがありません。つまり先の好循環の大前提である「好きになる」の前の、「知りたくなる」ところから、会話をスタートさせることが重要になってくるということです。

必ず「相手の気持ち」になれる3分インタビュー

私が実際にトレーニングとして実施している「聞く力」が飛躍的に上達するトレーニングを、ここで紹介します。これは自分が「相手にどれだけ興味を持てるか」を鍛えるトレーニングで、やり方はとても簡単、時間も3分間です。

というのは、誰かに向かって徹底的にインタビューするだけだからです。

ただし、とにかく矢継ぎ早に、間を置かずに、相手が答えたらすぐに次の質問をしなくてはなりません。初めのうちは、あらかじめ考えていた質問をしていればいいのですが、だんだんネタ切れになってきます。それでも無理やりに質問を続けていく。

答える人にはなるべく簡潔に正直に答えてもらうようにします。

たとえば、会社の後輩とこのトレーニングをするとしましょう。

「君はどうしてこの会社に入ったのですか？」

「仕事が面白そうだったからです」

「どんな仕事が面白そうだと思ったんですか？」

「営業です」

「営業のどんなところに興味を持ったのですか？」

「この会社が開発している半導体は、これからどんどん売れると思いました」

「なぜ売れると思ったんですか？」

「これからのスマートフォンに必要だと思いました」

「今までの半導体とどう違うと思いますか？」

「それは、より高速の情報処理能力だと思います」

「あなたはその半導体でどんな新商品を開発したいですか？」

「今はまだ考えられません」

「では、今この場で考えてみてください」


などと、相手が答えたその言葉を受けてどんどん質問を重ねていく訓練です。「あなたの趣味はなんですか？」「あなたの好きな食べ物は？」といった質問の羅列ではなく、できるだけ相手の答えを受けての質問を矢継ぎ早にしていくことで、相手の話をよく聞き、瞬時に分析して、そして次の質問を考え、その言葉を瞬時に選択し、それを声にする、これを3分間やり続ける。

そうすることによって、あなたの聞く力と集中力が鍛えられるのです。

ぜひ、やってみてください。先ほども言いましたが、質問をするという行為は、相手のことをじっくり考える行為でもあります。

3分間の中で、初めに用意していた質問がなくなってしまい、「あなたの出身はどちらですか？」などのありきたりな質問しか思い浮かばなくなり、いよいよ質問するネタがなくなってきて、焦りながらも必死になって質問を考える。3分間の質問が続くかどうかで、自分が相手にどの程度の興味を持っているかという指標ともなるのです。

この訓練によって、相手に興味を持つことができる、というか持たざるを得なくなるのです。そしてそのインタビューによって相手への新しい発見や意外な情報を得たら、それが「聞く力」を高める大きな成果になるのです。

さらに、このトレーニングを続けていけば、だんだん相手の気持ちになることができるようになる。相手の気持ちになれれば、自然と聞く力も高まっていくというわけです。

コミュニケーションが苦手という人の多くは、相手に何を聞いていいかわからずに、もしくは相手に何かを聞く前に自分のことばかりを話してしまいます。自分のことを伝えるよりも先に、相手に興味を持っていることを示したほうが、会話はうまく運ぶものです。

会話が苦手だと思っている人は、このトレーニングをぜひ試してみてください。逆に、このトレーニングによって、自分は「聞くのが苦手なタイプか得意なタイプか」がわかると思います。

英語が上達しないのは無駄話ができないから

日本人は、仕事や生活に直接関係ない、くだらないおしゃべりでその場をつないだり盛り上げたりすることが苦手です。「何かのためになる」ような情報性の高い効率的なコミュニケーションは真剣に行おうとするけれど、一方で無駄話が下手です。

「意味のない会話」ができるからイタリア人はモテる

「ファティック（phatic）」という言葉をご存じですか？　辞書をひくと「交感的な、交際言語の、交際のための言語使用」などと書かれています。あまりなじみのない言葉ですよね。タレントとして活躍しているイタリア人のジローラモさんから、かつて聞いたことがあります。

「日本人はファティックが下手だよね、だから日本の男は女にモテないんだよ。イタリア人は、あんまり意味のない会話でも積極的に女の子にしていくんだ。じつは意味がなくても言葉を投げかけるってとっても大切なことなんだよ。

こんにちは！　あなたはいつもきれいですね！　これって、お世辞だし適当に言っているだけだけど、それを聞いていやな気分になる女の子はいる？　いないでしょう。こういうこと話すと日本人はすぐ『軽薄』とか『軽すぎる』とか言うけど、黙っていたり無視したりするほうがよっぽど相手に失礼だよ。日本の男は失礼な人が多いよ」

イタリア人が女性にモテる理由は外見だけでなく、この「ファティック」にあったんだと改めて感じました。ファティックは日本にはない概念です。ですから訳が「交際のための言語」としか書けないのです。つまり、どうでもいい無駄話をしながら他人同士が仲良くやっていくための行為のことをファティックと言うようです。

金田一秀穂さんはこのファティックについても研究している方で、とても興味深いことを講演などで話しています。

秀穂さんの祖父は京助さん、父は春彦さんで秀穂さんは親子3代目の国語学者です。まったく同じ分野の学者が3代続くのも異例中の異例でしょう。

秀穂さんも果たして国語学者になっていいものかどうか、若い頃相当悩んだそうです。アルバイトもしたし、ニートと呼ばれる日々も送ったと言います。やはりこうして回り道をした人ほど話が面白い、学者というと「堅物」というイメージが強いですが、秀穂さんの話は柔軟で人間臭いのです。

だから、日本語に対しても父や祖父とは少し見方が違う視点を持っています。しかも世界の人との交流が多くなった昨今、言葉力を語る座標軸も「世界基準」でなければいけないと主張します。

たとえば、秀穂さんがアメリカに滞在していたとき、英会話が大の苦手だったそうです。ところがエレベーターに乗ると、アメリカ人はまったく知らない他人に「ハーイ、元気?」と必ず語りかけてくるから、それが何よりいやだったそうです。密室で見も知らぬ他人と会話をしなければならない苦痛、しかも若い女性がひとりでエレベーターに乗り込んできたら、さあ大変、気を遣います。

「私は変な男ではありませんよ」ということを証明するためには、さわやかな笑顔で明るい口調でこちらから「ハーイ、こんにちは！　いい天気になったねー」なんて声をかけないと怪しまれると言うんですね。アジア人の男は特に警戒されるというから大変です。

この習慣、アメリカだけでなく日本以外のほとんどの国で行われていて、エレベーターで見ず知らずの人同士、「ハーイ」「ハーイ、今日はいい天気だね」などと声をかけ合い、エレベーターが開くまで、なんとか話題をつなげて言葉を駆使して会話をするのが普通だそうです。そして「今日も一日いい日でありますように！」なんて言葉を交わして別れていくといいます。

日本人は、こうした会話に慣れていないので、秀穂さんのようにどっと疲れが出るのは理解できますよね。

日本人が、お隣の韓国人や中国人よりも英会話の上達が遅いのには、このファティックの欠如があるのではないか、つまり「知らない人とでも積極的におしゃべりできる能力」

を鍛えてこなかったからではないか、と秀穂さんは主張しています。

ただ、私の小さい頃のご近所の人たちは、誰彼ともなくあいさつをしていました。「いいお天気になりましたね」とまったく知らない人でもすれ違いざまに会話していたのをよく覚えています。そして、私の母はそんなあいさつを交わしたあと低い声で「あの人、どこから来たんだろう？ 見ない顔だね」なんて、私に問いかけていたのも記憶にあります。

こうした環境で英会話の勉強をしていたら、今頃私もペラペラになっていたでしょう。英会話の上達の早道は、何よりもまず日本語でファティックを鍛えることです。「一見つまらない会話」に見えても、じつはそれが人と人とをつなぎ合わせる大事なことなのです。デジタル時代の今だからこそ、もっともっとファティックをして親密な人間関係を作っていきましょう。

効率ばかりを求めて話をするのではなく、潤滑油となるような会話をすることが大切です。ファティックを豊かにするには、「好奇心を持つことであり、森羅万象に興味を持ち、何より雑学を磨くこと」だと秀穂さんは強調します。

つまり、映画やテレビを観て、本や雑誌、新聞を読み、ネットにふれ、そして他人と話をする。これが日本人に欠如したファティックを補う方法だと言うのです。

第7章

話す！
日常会話で
おしゃべりを鍛える

相手の集中力は70秒しか続かない

日本人は総じて話し下手です。仲間うちの日常会話ならともかく、多くの人の前で話す「パブリックスピーチ」は、苦手な人が多いということはこれまでも述べてきました。

日本人は歴史的に見て「書くこと」には重きを置き、「話すこと」は重要視してこなかったのです。武士は書き物をすることによって「証文」を残しました。それが日本社会ではいちばん信用されてきたからです。律令法の導入以降、訴訟は俗に言う「文書第一主義」が採用され、証拠として出された証文の価値の優劣が、訴訟の勝敗を決めました。

たとえば、鎌倉時代に定められた有名な「御成敗式目《ごせいばいしきもく》」は、当事者同士の証文の価値がはっきりしている場合は、当事者の話は聞かずにすぐ結審していたといいます。つまり、話し言葉ではその都度言うことも変化して信用できないから、それを書き残して文書を作るのですが、ひとたび証文ができるとなかなか覆すことができなかった。だから当時から御家人同士では、何でもかんでも文書に残していく習慣ができていたということです。

「話し言葉は信用できないから、書き物にして残す」という精神は、その後の武家社会の底流になっていきました。だから日本独特の「～そうろう」「～すべし」「～べからず」「～拝察いたします」など日常会話ではまったく使わない、特有の書き言葉が発展していったのです。

特に、男たるもの軽々しく口を開いて言葉を発するべからず、不言実行こそ男の中の男である、沈黙は金、大事なことは証文に残して相手に文書で伝える、という美意識が作り上げられてきました。江戸時代の寺子屋でも、明治時代以降の学校でも、日本人は「話す」教育はさておき、「書き方」「読み方」を集中的に学ぶことを第一義に考えたのです。

国際人になりたければおしゃべりになる

私は以前、取材で東京のあるインターナショナルスクールに行き、日本の小学校低学年にあたる授業を見学させてもらいました。そこは欧米を中心とした子弟が通う学校で、日本人も数人いました。

驚いたのは、低学年でもスピーチやディベートの訓練をしているのです。

つまり「Show and Tell」教育です。

たとえば「けんかして相手がぶってきたら仕返しをすることはいいのか、いけないのか」というテーマで、ふたつのグループに分かれて話し合いをします。ある子どもは「むこうが先にぶってきたんだから、こっちも一回はぶってもいいと思います」と言うと、別の子どもが「ぶつことは暴力だから、暴力で仕返しをするのはよくないと思います」などと自分の意見を述べて論争（ディベート）をするのです。

簡単な英語でのやりとりなので私にもわかるのですが、その間、先生はほとんど口をはさみません。それでも子どもたちはみんな自発的に手をあげます。「暴力は戦争につながるので絶対にいけないから、話し合いでけんかを解決しなければいけないと思います」などの一見ませた意見も出ます。

前日に各家庭に議論のテーマが教えられているので、きっと、お母さんやお父さんの考えの受け売りをそのまま発表しているのでしょうが、いずれにしても、こうした、教科書を使わずに議論を中心にした授業が多いのには驚きました。教科書中心で、先生が一方的に生徒に教えることの多い日本の授業との差は歴然としています。

学校教育からして、「話して伝えること」つまりプレゼンテーション力を鍛えることが日本ではまだまだできていません。だから教育の最終コースである大学から社会人への関門となる就職試験の面接などで、ほとんどの学生がとまどってしまうのです。

とにかく、これからの国語教育はもっと「Show and Tell」の授業を増やし、幼い頃から自己主張を言葉にして他人に伝える訓練をしていかなければいけないと思います。

日本人は、仲間同士で和気あいあいと会話を進めるのを好むので、自己主張が強い人間は嫌われる傾向にあります。言い方を換えると、ものごとを言いきるのが苦手で、結論をぼかして話をする人が多い、論戦に慣れていないのでとにかく「角を立てない」ことが第一義的になってしまうのです。

学校でも家庭でも「議論すること」が少なかった日本人がこれから国際人として活躍するためには、とにかくおしゃべりになることです。もちろんそれは口数が多いだけがいいのではありません。自分の主張を的確に相手に伝え、相手の主張もしっかり理解すること、それをするためのノウハウが必要です。

この章では、自分は話し下手だと思っている方々が上手に話せるようになるためのコツや訓練方法を紹介します。

自分は話し下手だと思っている人の心理を想像すると、「失敗したくない」「否定されたくない」と話すことに臆病になっている人が多いのではないかと思います。はじめは無口だったのに、仲良くなるととてもおしゃべりになるというのもよく見られます。また、過去にしゃべりすぎて失敗して、痛い思いをしたことがある人もいるでしょう。

しかし話すことは本来誰にもできる楽しいことなのです。努力次第で、落語家やお笑い芸人のように、私たちもいつも面白い話ができるようになれるのです。

長すぎる話は悪い印象しかない

ニュース番組で観るストレートニュースのほとんどは、1分10秒～1分半の長さにまとめられていることをご存じですか?

これには理由があります。これ以上時間をかけると視聴者は長すぎると感じ、これ以下だと物足りなく感じるからです。日本語でひとつの情報を伝える場合、1分10秒から長くて1分30秒くらいがいちばんわかりやすいのです。そこでテレビやラジオのニュースは約70秒前後にまとめられているのです。裏側から言うと、ニュースを観たり聞いたりしている視聴者の集中力は70秒間くらいしか継続してくれないということでもあります。

この「70秒の法則」はニュースだけではなく、ふだんの日常会話にも応用できます。自分の話を集中して聞いてもらいたいのなら、ひとつのテーマを70秒前後で話す必要があります。「たった70秒では何も伝えられない」と思うかもしれませんが、じつは70秒という時間は決して短くありません。なにしろ私たちアナウンサーは3秒で何を話すかで勝負しているくらいです。

生番組終了間近になると、スタジオでは残り時間がカウントされています。予定よりわずか3秒でも早く終わってしまうと、ディレクターから「何か話して場をつなげ」という指示が出ます。3秒の沈黙はテレビでは相当長く感じられるからです。実際に、生番組では、アナウンサーがアドリブでひと言つけ加えて時間合わせをするのですが、たった3秒の時間でもしっかりとメッセージは伝えることができるのです。

「明日は晴れますが湿気が多いようです。体調管理に気をつけてください」

これも3秒間で言えるコメントです。

ですから、私たちアナウンサーは、70秒という時間があれば、言いたいことはたいてい言いきれると実感で知っているのです。

何かのミーティングのときの自己紹介やスピーチで、司会者から「ひとり1分くらいでお願いします」と言われることはよくあることですし、時間を言われなくても「ひと言お願いします」の「ひと言」は70秒だと考えていいでしょう。

しかし、たいていの人は話が15秒や20秒で終わってしまい時間があまりすぎたり、逆に3分、5分と長く話しすぎたりしてしまうことが多いのです。短すぎれば印象に残りにくいし、長すぎれば飽きられてしまう。

特に長すぎるのは禁物で、悪い印象しか残しません。時間は取り返しがつかないものだからです。とても面白い内容なら別ですが、誰もが、その人の長い話を聞くほど無駄な時間はないと思ってしまうのです。校長先生の朝礼の訓示や結婚式での祝辞が長すぎて、「早く終わらないかな」と心の中でつぶやいた経験はみなさんもあるでしょう。でもこれって話している本人には意外にわからないものなのです。

「70秒トーク」の練習法

こんなことが起きてしまう理由は、70秒という時間の感覚を身につけていないからでしょう。70秒でどの程度のことまで話せるのかを体感していないのです。

したがって、私がおすすめしているのが、言いたいことを70秒でまとめて話す「70秒トーク」の練習です。70秒トークを身につけるのはそれほど難しくはありません。

明治大学教授で教育学やコミュニケーション論の専門家である齋藤孝さんは、ストップウォッチで自分や学生の話す時間を計りながら講義をしているそうです。腕時計はいけません。ストップウォッチで時間を計りながら声を出して話す練習を続けてみてください。初めは時間どおりに収められませんが、だんだんできるようになっていきます。ボクサーが体で1ラウンド3分の長さを覚えるのと同じで、70秒という長さが身についてきます。

今ならスマホにストップウォッチ機能のアプリをダウンロードしておけば、いつでも携行できます。

70秒という時間感覚がわかってくると、さらにその中で何をどのようにしゃべればよいのかもわかってくるはずです。70秒トークのコツは、「最初に結論を言う」ことです。これから話す内容の中身、「あんこ」を先に話すのです。そこから話し始めると、無駄、ムラをなくしたしゃべり方ができるようになってきます。

これは、ある会社での70秒自己紹介の例です。

「はじめまして、私、鈴木太郎と申します。

趣味はいろいろありますが、今は登山にはまっています。最近登って感動した山は神奈川県秦野にある塔ノ岳という山です。みなさん行ったことありますかねー。ないですか？

ぜひ行ってみてください。塔ノ岳は丹沢山系の修験の山とも言われていて、山頂まで往復7時間くらいかかるんですが、天気がいいと山頂から富士山や南アルプスが見事にきれいに見えますし、途中の山道にはめずらしい草花がたくさん咲き誇っているんです。

しかも最近は若い山ガールも多いから、都会の女性たちと山道ですれ違ってあいさつを交わすのも醍醐味ですよ。帽子かぶっているとみんなきれいに見えるんですね、これが。え？　山登りの道具やウエアを持っていないって？　安心してください。上下のウエアから登山靴、ゴーグル、スティック、リュックなどすべて揃って一日８０００円でレンタルしてくれる店があるんです。言ってくだされば私がご紹介しますよ。ほんと便利な世の中になりました。

山を登るというのは人生と似ているから好きなんです。天気が悪くて道がぬかるんでいて苦しいときも、『いつか晴れるんだ』と信じながら歩き続けるんです。

ですから私は自分を辛抱強いと自負しています。これからもどんな仕事にも辛抱強く取り組んでいきますので、どうぞみなさん、よろしくお願いします」

これで70〜75秒のスピーチです。

鈴木さんは、いろいろある自分の趣味の中で、山登りだけを選び、最近登った山を具体的に取り上げながらレンタルもあるよと新しい情報も提供しています。話のあんこは「山登り」です。最後に、自分の辛抱強さを山登りにたとえて話しているのも巧妙な組み立て方です。聞いている人に「みなさんは行ったことありますかねー」と呼びかけています。また「山ガール」を描写してユーモアも取り入れています。

人の興味をそそる話し方です。

自分の趣味を話しだすとあれもこれもといろいろ言いたがる人がいますが、あんこはひとつ、「山登り」に絞ったように一点突破のほうが話に惹きつけられるのです。

みなさんもぜひ、日常でこの70秒トークを実践してみてください。会議での発言のとき、プレゼンのとき、商談のときはもちろん、上司への報告、異性との会話にもこの70秒トークは効果を発揮するはずです。

70秒トークが上達すれば、3分、5分のスピーチなどは飛躍的にうまくなります。なぜなら、10分くらいまでのスピーチでしたら、70秒スピーチの積み重ねでいいのです。

肝腎なのは聞いている人を飽きさせない話し方。ときどき聞いている人に問いかけたり、ときどきユーモアを交えて笑いをとったり、と70秒の中で工夫してみてください。

メモを作れ、でもメモは読むな

では、スピーチをしなければならなくなったら、メモを作るべきかどうかですが、それはなるべく作るほうが頭の中が整理できるでしょう。

前の項で「70秒の法則」について書きました。話の長さが1分程度でしたらメモも不要ですが、3分以上の場合でしたら、70秒に1項目でメモを作ることをおすすめします。私は講演のときには、ポストイット（付箋）に70秒トークのテーマをひとつひとつメモしておきます。

たとえば、東京五輪についての講演を60分頼まれたら、

「自己紹介・今担当している番組」
「最近のニュースの特徴、天候不順、デング熱」
「テレビの失敗談、衣装、メイク、正確な言葉遣い、商品名の失敗談」

「オリンピックの放送権について」
「東京五輪の広告料とＮＨＫと民放のジャパンコンソーシアム」
「アテネと北京での取材体験の違い」
「現代五輪はテロとドーピングを撲滅させる戦いをしている」
「ドーピングの尿検査の実態」

といったメモを60枚作るのです。

そして、これは重なるテーマだなと思ったらそのメモをひとつに吸収合併し、だんだん枚数を減らしていきます。最終的には、20枚くらいにするでしょうか。するとほぼ3分間の話に1枚の割合でテーマがあることになるわけです。

この20枚のメモ全体を眺めながら、ここところは入れ替えたほうがスムーズに話が流れるな、この項目は不要だな、ここにもっと違う話を入れよう、などと話全体の構成を考えながら変えていくのです。

作家直伝、話の構成は付箋を利用する

この方法は私がまだ新人だった頃、ＮＨＫの研修所で講師としていらしたノンフィクション作家の沢木耕太郎さんに教えていただきました。

沢木さんは、番組作りも本を書くときも講演をする際にも、すべてポストイットにテーマを書いてから全体の構成を考えろ、と強調していらっしゃいました。

そしてポストイットの順番が決まったら、今度は１枚１枚の内容を決めていきます。できればポストイット１枚のメモに対してどれだけの話ができるのか、声に出して実際に話してみるのです。

その内容でいけると思ったらそれをポストイットを張ったノートなどの余白に具体的に箇条書きで記していきます。こうして準備しておけば、スピーチ慣れしていない人でも上手に話せるようになるでしょう。

では、実際にスピーチに臨むとき、そのメモを見て話すのかどうか。よくやってしまうのは、書いた文章をそのまま読んでしまうことです。もしくはその原稿やメモを丸暗記し

てしまう。私はこのような原稿を読むかたちでのスピーチはおすすめしていません。なぜなら、原稿を読みながら話したり丸暗記してスピーチすると、本来話し言葉であるべきスピーチが書き言葉の表現になってしまい、伝わるはずの情熱や面白さが消されてしまうからです。

じつは私もこの「暗記の罠」に落ちてしまったことがあります。新人のアナウンサーは、ナマ中継リポートを数多く担当させられます。生中継はやり直しがきかないので、多くの新人アナは途中で何を言っているかわからないほど噛み噛みのリポートになってしまいます。今の新人アナは最初から上手な人が多いですが、私の新人時代はみな挫折しながら成長していきました。そうやって場数をこなしていくのです。

もちろん私も新人時代に多くの中継リポートを担当し、スイートピーの花が満開だと言うべきところを、「スヌーピーの花が満開で……」と言ってしまうなど、失敗の連続でした。そこである日、おれは絶対噛まずに間違わずにリポートするぞ、と誓い、中継リポートのコメントを一字一句すべて原稿化しそれを丸暗記して中継に臨みました。

本番は、狙いどおりに噛まずに中継できたのですが、なぜか周囲にはまったくの不評だったのです。

「間違いがなかったし情報は正しく伝わったけど、なぜかつまらない」「いつもの堀尾のようにときどきつまったり噛んだりしても一生懸命伝えようとする姿勢のほうが、見ていて説得力がある」「今後はいっさい暗記して臨むな」と言われました。

つまり、原稿を丸暗記したため、中継リポートに感情がこもらず、実に面白くないリポートになってしまったのです。

一流の役者さんだったら、セリフを自分のものにしてまるでアドリブで話すようにするのでしょうけど、私にはその力量がありません。あとでたどりついた結論は、中継やリポートなどの話し言葉にはある程度の無駄が必要だということでした。

何度も言いなおしたり噛んだりしてもいいから、感情や臨場感が伝わるナマのしゃべりのほうが伝わりやすいのです。それは原稿化した書き言葉を暗記したり読み上げたりしてはできないことです。

ですから、メモを作ることは必要条件ですが、いざ実際に話すときには、メモの内容を丸暗記せずに自然体で話しましょう。たとえつっかえても、話が飛んでもいいのです。メモのポイントと順番だけを覚えて、あとは自分の語り口を大切にしてください。とにかく自信を持って臨むことです。

「感情」が伝わるのは、ゆっくり低めの声

それから、声のトーンを意識しましょう。

私はマイクをつけて話すときは、ニュースを伝えるときでさえ、できるだけ感情を入れて声に抑揚をつけて話すようにしていいます。感情を入れないで淡々と読む機械的なニュースの読み方が、なぜか好きではなかったからです。「だからおまえはニュースが下手に聞こえるんだ」と何度言われたことか。それでも書き言葉で書いてあるニュース原稿を、できるだけ話し言葉で伝えられるように努力してきました。

そのためにも、声のトーンを低くし一段落ち着けて話すことが大事になってくるのです。日本人は通常、スピーチするときに自分の声の調子まで意識することはありません。声の高低、話すスピードは、伝えるためにはとても重要です。相手を諭す場合は、ゆっくり低めの声で話したほうが伝わりやすいですし、相手に強く主張したい場合は高く強く声を出すほうがいいのです。

「話すことは唄うこと」と美輪明宏さんはおっしゃいます。うっとりとするような声で話すためには、とにかく自分の声のトーンを意識して話すことが重要なのです。

人前で話すときの「7つの呪文」

では、私が人前で話すときの7ヵ条をご紹介しましょう。

他人を前に話をするときに、私は必ず7つの項目を頭に浮かべ確認します。それを「7つの呪文」と呼んでいますが、話し始める前にこの7つの呪文を頭の中で唱えると、失敗の多くは回避できるようになるはずです。

呪文の第1は「何のために話すのか」

相手を笑わせたいから話すのか、重要な情報だからしっかり伝えたいのか、申し訳なかったという気持ちを伝えたいのか、などと「何のために私は話すのかという目的意識をはっきり持つ」ことです。テレビでの記者会見などでも「謝罪するために」会見しているのか、「言い訳をするために」会見しているのかわからないことがよくありますが、目的をはっきりさせれば、自ずと話す内容も決まってくるでしょう。

第2は「どんな場所で話すのか」

会議で企画を提案する場合と、飲み屋で上司と話す場合では話し方が異なるように、話し方や話す内容は状況に合わせて変えていかなければなりません。

ふたりっきりで静かなところで話したほうがいいのか、複数の人の中で少しざわついた雰囲気のほうが相手にリラックスして聞いてもらえるのか、もっと言えば、喫茶店で机をはさんで「対面」で話すのか、カウンターに「並んで」話すのか。

どこなら話しやすいか、「相手によって場面をしっかり設定する」のです。

第3は「あなたは相手に対してどんな立場で話すのか」

部下に向かって話すときと上司に向かって話すときに、同じ話し方ではまずいのは誰にでもわかりますよね。自分がゲストなのかホストなのかでも話し方は変えなくてはなりません。同じ相手へも、友達として話すのか会社の同僚として話すのか、によって内容が変わります。

「自分の置かれた立場を意識する」ことが重要です。

第4は「長く話すのか短く話すのか」

伝える内容によって、端的に結論を先に言うのがいいのか、時間をかけてじっくり話をしたほうがいいのか、ただ、だらだらと話すことによって相手の気持ちに動揺を与えてしまうこともあるし、短すぎて誤解を招く恐れもあります。

話す時間を事前に計算して臨むことが、相手を納得させる近道にもなります。

70秒ルールについては話しましたが、「話す時間を考えることは大変大切なこと」です。

第5は「その話は事実なのか感想なのかをはっきりさせる」

「あいつはケチなんだよな」というのはあなたの感想です。

「あいつは一緒に飲みにいったときに、今まで一度もお金を払ったことがない」と言えばこれは事実です。

たとえば、あなたが会社の人事異動の話を伝えるとき、会社の人事とはいえそこには人間の感情が必ずともないます。それを伝えるときに「おれはとってもいい異動だと思うよ」と自分の感情も伝えるか、それとも相手のためを思って感情を押し殺し事実だけを伝えるスタンスをとるのか。大切なのは、「自分が話していることは事実なのか感想なのかを意識する」ことです。

第6は「その話は誰かを傷つけないか」

前述したように、人から発せられる言葉によって人は救われもし、逆に死を選ぶことだってあります。あなたの話が誰かを傷つけていないか、誰かの悪口になっていないかを気遣うことを肝に銘じてください。

特に自分の好き嫌いをスピーチの中に入れるとき、嫌いなことを言うことで傷つく人がいないかどうか慎重になってほしいものです。

もちろん絶対に言ってはならないということではありませんが、もし、「私は雨の日はうっとうしくて大嫌いです」と言うなら、「乾燥がよくない気管支系の病で苦しんでいる人や、雨を望んでいる農家の人がこれを聞いたらどんな気持ちがするだろう」という想像力を働かせることが必要でしょう。

一度放たれた言葉に消しゴムはききませんから。

第7は「笑いを起こす努力をする」

米国では、大統領のスピーチは3分に1回は笑わせなくてはダメだ、とさえ言われています。笑いは、相手との距離を近づけてくれる心理的効果があるとされているからです。しかしその一方で、日本では公式の場で笑いをとるスピーチは不謹慎と思われる。

日米のユーモア感覚の違いがはっきりと表れたのが、1992年1月の日米首脳会談での出来事でした。

このとき、首相官邸で晩餐会に臨んだパパ・ブッシュ大統領が突然、宮沢喜一首相の膝元に倒れてしまうという大事件が起きたのです。すると、同席していたバーバラ夫人がすかさずこう言いました。

「大統領は昼間、天皇陛下とテニスをしたのですが、じつは大統領とアマコスト駐日大使のペアは天皇・皇太子ペアに負けました。そのアマコスト大使のせいで大統領は倒れたのです。アマコスト大使がミスをして試合に負け、大統領は悔しさのあまり倒れてしまいました」

その上質なユーモアに、集まった外国人記者を含め会場は感心していました。

日常の会話では、ユーモアはとても大切です。聞き手との距離を縮めるためにも、会話にはできるだけユーモアを紛れ込ませたいものです。

しかし、日本人が得意なユーモアといえば、せいぜいダジャレまで。ならば、そのダジャレでもいいとさえ私は思います。なぜならダジャレはスべってしまったとしても相手との距離を縮めます。ユーモアの訓練にはなるので、ダジャレをステップとして、より上質なユーモアが言えるようにしたいですね。周囲の人も、ダジャレでどん引きしないで、笑ってあげるやさしさがあると、きっと日本人のユーモア感覚も磨かれていくのではないかと思います。

かつて「世界の瀬古」と呼ばれたマラソンの瀬古利彦さんは、ダジャレの名手であることも知る人ぞ知るですが、時折放つユーモアやジョークには、多少冷や冷やさせられますが、非常に人を惹きつけるものがあります。

２００７年に東京都の教育委員に任命されたのち、大真面目に当時の教育長に、「こういう立場になったら、キャバクラに行っちゃいけないんですか？」と聞いたことがニュースになりました。大真面目な場所でですよ。

「だって、堅い雰囲気ではいい仕事もできないでしょ。日本人はもっとユーモアを入れて話さなきゃいけないよ」

と瀬古さんはのちに涼しい顔で私に話してくれました。そうした、人を笑わせようという気持ちが、瀬古さん独特のユーモアを生みだしているのです。

ふだんから笑わせようと思っていれば、おそらくユーモア感覚が育っていきます。その入り口にあるのがダジャレです。みなさんも、臆するところなくまずダジャレを言いまくってみたらいかがでしょうか。誰かがダジャレを言ったときにも、どん引きしないで突っ込んであげることも忘れずに。

以上の「7つの呪文」を唱え、自分の話し方や内容を検討すれば、少なくとも失敗する可能性は激減するはずです。話すことに臆病になっている人の多くは、自分が発言する前に「こんなこと話していいんだろうか」と考えるはずです。そのときにこの7つの呪文を思いだして、自分の発言をチェックしてみましょう。

たとえ口下手でも、7つの呪文にかなう話であれば、多くの人は耳を傾けてくれます。「聞いてくれるだろうか」と不安になることなく、聞き手を信じて、まず自分の言葉で話すことから始めてみてください。

あとは堂々と自信を持って話しているように「見せる」ことが大事です。話し手が、自信なさそうに話している姿ほど説得力がないことはありません。大きな声ではっきりと、相手の顔を見て語りかけることがポイントです。

役者やアナウンサーは「外郎売り」で滑舌を特訓

歌舞伎十八番のひとつ「外郎売《ういろううり》」をご存じですか？
１７１８年正月、２代目市川團十郎が江戸三大芝居小屋のひとつ森田座で初演を行った演目で、原題は「若緑《わかみどり》勢《いきおい》曾我《そが》」といいます。今では、この劇中で外郎売が発する、文字数にして１７４０字の長ゼリフを指して「外郎売り」と呼ぶことが多いようです。

「拙者親方と申すは、お立合の中に、
御存じのお方もござりましょうが、

お江戸を発って二十里上方、
相州小田原一色町をお過ぎなされて、
青物町を登りへおいでなさるれば、欄干橋虎屋藤衛門
只今は剃髪致して、円斉となのりまする」

いかがでしたか？　読みにくいでしょう？　それでは、全部を仮名で書いてみますので、もう一度トライしてみてください。

「せっしゃおやかたともうすは、おたちあいのうちに、
ごぞんじのおかたもござりましょうが、
おえどをたってにじゅうりかみがた、
そうしゅうおだわらいっしきまちをおすぎなされて、
あおものちょうをのぼりへおいでなさるれば、
らんかんばしとらやとうえもん
ただいまはていはついたして、えんさいとなのりまする」

読み方がわかっても、声に出して読むと、非常に難しいことをわかっていただけたでしょうか？　これでも初めのほんの一部にすぎません。後半には早口言葉も出てくるので、もっと難しくなっています。たとえばこんな具合です。

「書写山の社僧正（しょしゃざんのしゃそうじょう）」
「粉米のなまがみ、粉米のなまがみ、こん粉米の小生がみ（こごめのなまがみ、こごめのなまがみ、こんこごめのこなまがみ）」
「親かへい子かへい、子かへい親かへい（おやかへいこかへい、こかへいおやかへい）」
「お茶立ちょ、茶立ちょ、ちゃっと立ちょ茶立ちょ、青竹茶筅でお茶ちゃっと立ちゃ（おちゃだちょ、ちゃだちょ、ちゃっとたちょちゃだちょ、あおだけちゃせんでおちゃちゃっとたちゃ）」

芝居をやっている人はこの長ゼリフを、最初から最後まで暗記してスイスイと言うことができます。アナウンサーや役者の発声練習や滑舌をよくするための練習に使われている練習文だからなのです。もちろん私も暗記しています。

一般に、滑舌が悪いと、話していることが相手に聞き取りにくいだけでなく、話すことに対しての苦手意識も出てきて、ますます話し下手になってしまいます。逆に、滑舌がよい人の話は、聞いていて気分がよくなることさえある。みんなが楽しそうに聞いてくれるから、ますます話し上手になっていくわけです。

次に、「外郎売り」の全文を載せます。だまされたと思って「外郎売り」をスラスラと読めるように、音読の練習をしてみてください。

暗記まではしなくてもいいですが、スラスラと言えるようになれば、発声や滑舌がよくなり、聞き手にとって心地よいしゃべり方になっているはず。その際、ぜひ自分の音読を録音して、聞き返しながら悪いところに注意して再挑戦していくと、より効果的に練習できます。

＊241～245ページの「外郎売り」全文ならびに「上達のためのアドバイス」は、『日本語の発声レッスン　俳優編』（川和孝、新水社）を引用しました。「上達のためのアドバイス」は本作と表記の統一をしています。

「外郎《ういろう》売《う》り」のせりふ

拙者親方《せっしゃおやかた》と申《もう》すは、★1お立合《たちあい》の中《うち》に、御存《ごぞん》じのお方《かた》もござりましょうが、★2お江戸を発《た》って二十里《り》上方《かみがた》、相州《そうしゅう》小田原一色町《いっしきまち》をお過《す》ぎなされて、青物町《あおものちょう》を登《のぼ》りへおいでなさるれば、★3欄干橋《らんかんばし》虎屋《とらや》藤衛門《とうえもん》只今《ただいま》は剃髪《ていはつ》致《いた》して、円斎《えんさい》となのりまする。★4元朝《がんちょう》より大晦日《おおつごもり》まで、お手《て》に入れまする此《こ》の薬《くすり》は、★5昔《むかし》ちんの国の唐人《とうじん》、★6外郎《ういろう》という人、わが朝《ちょう》へ来《きた》り、帝《みかど》へ参内《さんだい》の折《おり》から、この薬を深《ふか》く籠《こ》め置《お》き、用《もち》ゆる時は一粒《いちりゅう》ずつ、冠《かんむり》のすき間より取り出《いだ》す。依《よ》ってその名を帝《みかど》より、★7とうちんこうと賜《たま》わる。即《すなわ》ち文字《もんじ》には「頂《いただ》き、透《す》く、香《にお》い」とかいて「とうちんこう」と申す。★8只今はこの薬、殊《こと》の外世上《ほかせじょう》に弘《ひろ》まり、方々《ほうぼう》に似看板《にせかんばん》を出《いだ》し、イヤ、小田原の、灰俵《はいだわら》の、さん俵の、炭俵《すみだわら》のと色々に申せども、平仮名《ひらがな》をもって「ういろう」と記《しる》せしは★9親方円斎《おやかたえんさい》ばかり。もしやお立合の内《うち》に、熱海《あたみ》か塔《とう》の沢《さわ》へ湯治《とうじ》にお出《い》でなさるるか、又は伊勢御参宮《いせごさんぐう》の折《おり》からは、必《かなら》ず門違《かどちが》いなされまするな。お登りならば右の方《かた》、お下《くだ》りなれば左側、★10八方《はっぽう》が八《や》つ棟《むね》、表が三つ棟玉堂《ぎょくどう》造り、破風《はふ》には菊に桐《きり》のとうの御紋《ごもん》を御赦免《ごしゃめん》あって、★11系図《けいず》正しき薬でござる。

★12イヤ最前《さいぜん》より家名《かめい》の自慢《じまん》ばかり申しても、ご存じない方には、正身《しょうしん》の胡椒《こしょう》の丸呑《まるのみ》、白《しら》河夜船《かわよふね》、さらば一粒《いちりゅう》食《た》べかけて、その気味合《きみあい》をお目にかけましょう。先《ま》ずこの薬をかように一粒舌《いちりゅうした》の上にのせまして、腹内《ふくない》へ納《おさ》めますると、★13イヤどうも云えぬは、胃《い》、心《しん》、肺《はい》、肝《かん》がすこやかになりて、薫風咽《くんぷうのんど》より来《きた》り、口中微涼《こうちゅうびりょう》を生《しょう》ずるが如《ごと》し。魚鳥《ぎょちょう》、茸《きのこ》、麺類《めんるい》の食合《くいあわ》せ、其《そ》の他《ほか》、万病速効《まんびょうそっこう》ある事神《ことかみ》の如《ごと》し。★14さて、この薬、第一の奇妙《きみょう》には、舌のまわることが、銭《ぜに》ゴマがはだしで逃げる。ひょっと舌がまわり出すと、矢《や》も楯《たて》もたまらぬじゃ。

そりゃそりゃ、そらそりゃ、まわってきたわ、まわってくるわ。アワヤ★15咽《のど》、さたらな舌《した》に、カ牙《げ》サ歯音《しおん》、ハマの二つは唇《くちびる》の軽重《けいちょう》、★16開合《かいごう》さわやかに、あかさたなはまやらわ、おこそとのほもよろを、一つへぎへぎに、へぎほしはじかみ、盆《ぼん》まめ、盆米《ぼんごめ》、盆《ぼん》ごぼう、摘蓼《つみたで》、摘豆、つみ山椒《ざんしょう》、書写山《しょしゃざん》の社僧正《しゃそうじょう》、粉米《こごめ》のなまがみ、粉米のなまがみ、こん粉米の小生《こなま》がみ、繻子《しゅす》ひじゅす、繻子、繻珍《しゅちん》、親も嘉兵衛《かへい》、子も嘉兵衛、親かへい子かへい、子かへい親かへい、ふる栗《くり》の木の古切口《きりぐち》。雨合羽《あまがっぱ》か、番合羽《ばんがっぱ》か、貴様《きさま》のきゃはんも皮脚絆《かわぎゃはん》、我等がきゃはんも皮脚絆《かわぎゃはん》、しっかわ袴《ばかま》のしっぽころびを、三針《みはり》はりながにちょと縫《ぬ》うて、ぬうてちょとぶんだせ、かわら撫子《なでしこ》、野石竹《のせきちく》。のら如来《にょらい》、のら如来《にょらい》、三《み》のら如来に六《む》のら如来。一寸先《ちょっとさき》のお小仏《こぼとけ》におけつまずきゃるな、細溝《ほそどぶ》にどじょによろり。京のなま鱈《だら》奈良なま学鰹《まながつお》、ちょと四、五貫目、★17お茶立《だ》ちょ、茶立《だ》ちょ、ちゃっと立《た》ちょ茶立《だ》ちょ、青竹《あおだけ》茶筅《ちゃせん》でお茶ちゃっと立ちゃ。

　来るわ来るわ何が来る、高野《こうや》の山のおこけら小僧《こぞう》。狸百匹《たぬきひゃっぴき》、箸百膳《はしひゃくぜん》、天目百杯《てんもくひゃっぱい》、棒《ぼう》八百本。武具《ぶぐ》、馬具《ばぐ》、ぶぐ、ばぐ、三ぶぐばぐ、合せて武具、馬具、六ぶぐばぐ。★18菊、栗、きく、くり、三菊栗、合せて菊、栗、六菊栗。★19麦、ごみ、むぎ、ごみ、三むぎごみ、合せてむぎ、ごみ、六むぎごみ。★20あの長押《なげし》の長薙刀《ながなぎなた》は、誰《た》が長薙刀ぞ。向うの胡麻《ごま》がらは、荏《え》のごまがらか、真《ま》ごまがらか、あれこそほんの真胡麻殻《がら》。がらぴい、がらぴい風車《かざぐるま》、おきゃがれこぼし、おきゃがれ小法師《こぼし》、ゆんべもこぼして又こぼした。★21たあぷぽぽ、たあぷぽぽ、ちりから、ちりから、つったっぽ、たっぽたっぽ一丁だこ、落ちたら煮て食お、煮ても焼いても食われぬものは、五徳《ごとく》、鉄《てっ》きゅう、かな熊童子《くまどうじ》に、石熊《いしくま》、石持《いしもち》、虎熊、虎きす、中にも、東寺《とうじ》の羅生門《らしょうもん》には、茨木童子《いばらきどうじ》がうで栗《ぐり》五合つかんでおむしゃる、かの★22頼光《らいこう》のひざもと去らず。

★23鮒《ふな》、きんかん、椎茸《しいたけ》、定《さだ》めて後段《ごだん》な、そば切《き》り、そうめん、うどんか、愚鈍《ぐどん》な小新発地《こしんぼち》。小棚《こだな》の、小下の、小桶《おけ》に、こ味噌《みそ》が、こ有《あ》るぞ、小杓子《しゃくし》、こ持って、こすくって、こよこせ、おっと合点《がてん》だ、心得《こころえ》たんぼの川崎、神奈川《かながわ》、程ケ谷《ほどがや》、戸塚は、走って行けば、やいとを摺《す》りむく、三里ばかりか、藤沢《ふじさわ》、平塚《ひらつか》、大磯《おおいそ》がしや、小磯の宿《しゅく》を七つ起きして、早天早々《そうてんそうそう》、相州《そうしゅう》小田原とうちん香、隠《かく》れござらぬ貴賤群衆《きせんぐんじゅ》の花のお江戸の花ういろう、あれあの花を見てお心をおやわらぎ★24やという。★25産子《うぶ》、這子《はう》に至《いた》るまで、この外郎《ういろう》の御評《ごひょう》判《ばん》、御存じないとは申されまいまいつぶり、角出《つのだ》せ、棒《ぼう》出せ、ぼうぼうまゆに、臼《うす》、杵《きね》、すりばち、ばちばちぐゎらぐゎらぐゎらと、羽目《はめ》を弛《はず》して今日《こんにち》お出《い》でのいずれも様《さま》に、★26上げねばならぬ、売らねばならぬと、★27息せい引っぱり、東方世界《とうほうせかい》の薬の元〆《もとじめ》、薬師如来《やくしにょらい》も照覧《しょうらん》あれと、★28ホホ敬《うやま》って、★29ういろうは、いらっしゃりませぬか。

上達のためのアドバイス

★1　ゆっくりと落ち着いて。続くかぎり息を長くためて。までは息を切らないように
★2　もったいぶって、調子をかえて
★3　威張って得意気に
★4　息を吸って、やや重々しく
★5　ものめずらしいように
★6　「外郎」を粒立てて
★7　「とうちんこう」を粒立てて
★8　軽く
★9　「ばかり」に力を入れる
★10　一気に
★11　落ち着いた気持ちで納まりをつける
★12　気軽にテンポを速く
★13　よい気持ちで
★14　一転して見物の注意をひくように
★15　「のど」に力を入れて止める
★16　「開合」から「盆ごぼう」まで一気に
★17　語尾に力を入れて
★18　高い調子で
★19　中音で普通に
★20　「ぞ」を強調して止める
★21　ポンポンと言いテンポを速める
★22　威張って荘重に
★23　「小新発地」まで一気に
★24　「や」を強調して
★25　「いずれも様に」までゆるやかな調子で
★26　「ならぬ」「ならぬと」の語尾に力を入れて
★27　ゆっくり重々しく
★28　笑い声で
★29　おじぎをして

話す内容も話し方も変わる「新聞コラム」の音読

話し上手と呼ばれる人は話題が多岐にわたるうえ語彙、つまり使用する言葉の種類が豊富です。そして滑舌がよく、話が簡潔で、わかりやすく構成されています。

では、どうしたらそんな話し上手になれるでしょうか？

いろんな話題を振るのも、語彙を豊かにするのも、滑舌をよくするのも、一朝一夕にできることではありません。話し上手と呼ばれる人も、日々の積み重ねで、それらの技術を身につけたのでしょう。では、どうしたらそうした技術を身につけられるでしょうか？

私は新聞のコラムを音読することをおすすめしています。

朝日「天声人語」、読売「編集手帳」、日経「春秋」、毎日「余録」、産経「産経抄」、東京「筆洗」などなど。これらは日々の時事ネタに絡めて、政治・経済、文化・社会、文学・歴史……さまざまなジャンルが取り上げられます。読み続けていけば、いろいろな出来事についてもの知りになっていくでしょう。雑談上手にもなれます。

また、担当している記者は、その新聞社の中でも文章がうまいと評判の人ですから、いろいろな語彙や表現を使いこなしています。読み続けていれば、自然と語彙が豊かになるはずです。わからない言葉が出てきたら、辞書で調べて、ひとつずつ理解していけば、自然と語彙も増えていくはずです。

たとえば「天声人語」なら、それらがたった603文字で簡潔に書かれています。原稿用紙1枚半くらいですから、ゆっくり読んでも1分少々。この章でも書いたように、70秒前後でひとつの話題が完結します。

これを音読することで長さの感覚も身につきます。文章のリズムも身につきます。そしてもちろん、音読をするわけですから滑舌の訓練にもなります。一読したときに読みにくかったりつっかかってしまった箇所に注意しながら、何度か音読してみましょう。

こうして、話題の豊かさ、語彙、滑舌、簡潔さが身に着くので、私はコラムを音読することをおすすめしているのです。

身振り手振り、感情豊かに読んでみる

何度か音読して、スラスラと読めるようになったら、ぜひやってみていただきたいこと

があります。声に表情をつけ、身振り手振りを加えて、感情豊かにコラムを読んでみてほしいのです。東京五輪招致チームのあの演説を思い浮かべながら、自分もその一員になって大勢の観客を前にしたつもりになってコラムを読んでみてください。相手の心を動かすつもりで読むのです。

工夫しながら何度も読んでいると、どこでトーンを落としたらいいか、どこで口調を強めるべきかが見えてくるはずです。やや大袈裟と思えるくらいでちょうどいい。鏡を見ながらやれば、さらに効果的です。

そして、音読を録音して、自分で聞き直して、どこをどう読めばよかったかを考え、修正を加えながら練習していると、あっという間にしゃべり方が変わってくるはずです。

そこまでやれば、頭の中にコラムの内容はバッチリ入っているはずです。誰かと雑談する際に「今日の新聞のコラムに○○って書いてありましたよね」と話しかけてみてください。もし相手の人が読んでいれば普通に会話が進みますし、もし読んでいないようであれば、練習の成果を発揮して「こんなことが書いてあったんだけどね」と、内容をかみ砕いて教えてあげることもできるはずです。

話題にも困らない、語彙も増える、滑舌もリズムもよく話せて、声に表情も出せる。たかが６００字そこそこのコラムですが、しばらく音読を続けるだけで、しゃべりの基本をマスターできると思います。

天野祐吉さんに教わった人を惹きつけるコツ

私は、ＮＨＫ時代を含めて30年以上この放送の世界で仕事をし、数多くの著名人の方にもお会いできました。

その中で、私のことをほめてくださった数少ないうちのひとりが、コピーライターの草分けで広告批評家の天野祐吉さんです。

天野さんの鋭い批評眼が私も大好きでしたので、いろいろな言葉のあり方について、また最近のアナウンサーが使う言葉遣いについて、お会いするたびに根掘り葉掘りうかがったものでした。その天野さんが私に対してこんなことをおっしゃったのが、今では私の宝物になっています。

「今まで私の中のアナウンサー像は、不自然なまでに、美しい声ではっきりとした滑舌で正しいアクセントで話す人、というイメージが定着していたけれど、堀尾君は、それをまったく感じさせない、自然な話し方の、私が初めて出会ったアナウンサーだね」と言ってくださったのです。

え？　それって私の声や滑舌があまりよくないってことですか？　と聞き返しました。

「それもあるかもしれない（笑）、でもそういうことより、たとえば、プロのオペラ歌手が友達同士でカラオケに行って演歌やポップスを唄うときもオペラ風にしか唄えないとしたら、面白くないでしょ？　ほとんどのアナウンサーの話し方ってそれに似ているんだな。番組の中でゲストに対してもそんなに肩肘張らずに、もっと日常会話風にリラックスして話してほしいとずっと思っていたんだ、そうしたら君みたいなアナウンサーが出てきたんだよ」

天野さんの「自然な話し方」というのは、要するに「気張らない話し方」「カッコつけないしゃべり方」。もっと言えば、ときどき言いよどんだり、つっかえたり、噛んだり、同じ言葉をくり返したりしても、それでも、温かく親しみがあり説得力のある話し方。それを追求すべきだと言うのです。

つまり、私はよくつかえたり噛んだりしているということなのでしょうか。決して意識的にそうしているわけではありませんよ。

天野さんによると、プロのアナウンサーは、不自然で型にはまった話し方になってしまっている、と言うのです。だから、昔は当たり前だった局アナの番組司会が、近年はお笑い芸人やタレントに奪われてしまっているのは、そのあまりにカチッとした話し方にあるんだよ、と耳の痛いことをおっしゃっていました。

「広告でも同じです。お店の看板に『このラーメンは日本で1番に美味しいラーメンです！』と書かれているより、『このラーメンは日本で3番目に美味しいラーメンです！』と書いてあったほうが、『え、3番目に美味しい、って、じゃあ、1、2番目はどこのラーメン屋さんなんだろう、この店に聞いてみよう、ついでに食べてみよう』ということになるんです。

だから、『日本で1番に美味しいよ！』なんて言わないで、決して相手に無理に押しつけない、そういう気張らない話し方ができる人のほうがかえって人を惹きつけるんです」

天野さんの言いたいことは、要するに、話し言葉は「カッコつけるな。もしカッコつけるなら頭を使え!!」ということなのです。

おしゃべり力を高めて面白く生きる

天野さんのことをもう少し話しましょう。

彼は、そもそも人間というものは「広告したい」という本能を持っている特別な動物だと言います。女性の（最近は男性も）化粧がいい例です。自分をよく見せたいからおしゃれもし、誇張もし、ウソもつく。絵画にも文学にもウソがあり誇張がある。でも、そのウソの中に、ちらっとでも真実が見えるからわれわれは感動する。

天野さんは、そんな「ウソみたいなホント」「楽しいウソ」「想像力をかきたてるウソ」が大好きでそれが広告の醍醐味だと言います。

犬がしゃべるわけないじゃん、というスマートフォンのCMしかり、あんな危険な崖にぶらさがって「ファイト！」「一発！」なんて言えるわけないじゃん、という栄養ドリンクのCMしかり、じつに面白い。

反対に、嫌いなウソは「まことしやかなウソ」や「ホントっぽいウソ」。こうした種類のウソは、人をだまし傷つけ、他人をも陥れてしまう。ゴーストライターがいるのにまるで自分が作曲したように見せてしまった人は、どんなに質の高い曲を提供したとしても、多くの人を傷つけてしまうのです（以前そんなことがありましたね）。

天野さんが求めるのは、「誇大広告」ではなく「誇張広告」のほうです。「私の街は魅力たっぷり、ぜひ来てみてください！」というコピーより、「私の街は来てもつまらないから絶対に来ないでください！」というコピーのほうが、なんだかその街に行ってみたくなるでしょう。つまり押すだけでなく引いてみるのも、「人の心を惹きつける」広告なのです。

典型的な東京の下町と、文化的雰囲気の四国松山で育った天野さんの根っこには「ヤジ精神」があります。ええかっこしいに、言葉をぶつける、それがヤジ。

都議会の女性議員に「早く結婚したほうがいいんじゃないか！」なんてヤジが飛んで物議を醸しましたが、あんなのは本当のヤジではない。状況が混沌としたときに、その中に、ボーンと石を投げるようにヤジを飛ばす。そうすると、それだけで状況が破壊されたり急に活気づいてきたりする。そうした効果をもたらすのがいいヤジなのです。

天野さんは亡くなる直前まで「人や言葉に出会うことによって、さまざまな人間の面白さが見えてくる」とおっしゃっていました。

面白い人や面白い言葉に出会うと、その人の人生そのものが変わるかもしれない。そんな転機は日常の中にいくらでも潜んでいるのです。

もともと、面白い、という言葉は、目の前のモヤモヤが晴れて、パッと明るくなり、面（顔）が白くなることだとおっしゃっていました。

私たちも、限られた人生の時間をできるだけ「面白く」誇張していきましょう。

そしてできるだけたくさんの面白い人の面白い話を聞きましょう。

これからの日本は、人口が減り、高齢化が進み、ひとり暮らしの人も増えていくでしょう。そしてみんなネットの世界にのめり込んでいき、ますます無口になっていくでしょう。そんな孤独な社会を救ってくれるのが、「おしゃべりの力を高める」ことです。みんなが面白がれる話し言葉を持つことだと思うのです。

この本を読んだくださった方の中から、ひとりでも多くの「話し言葉の達人」が生まれることを望んでやみません。

堀尾正明（ほりお・まさあき）

フリーキャスター。

1955年に生まれる。早稲田大学第一文学部哲学科卒業後、1981年NHK入局。2008年に退社するまで「スタジオパークからこんにちは」「NHKニュース10」「難問解決！　ご近所の底力」「第55回紅白歌合戦」（総合司会）、「サタデースポーツ」「サンデースポーツ」など、NHKの顔として活躍。2014年まで日本体育大学客員教授。第10回徳川夢声市民賞受賞（2010年度）。

現在、レギュラー司会・コメンテーターとして出演している番組は、TBS系列「ビビット」、日本テレビ系列「誰だって波瀾爆笑」、BS-TBS「諸説あり!」、中京テレビ「キャッチ!」がある。

話《はな》す！ 聞《き》く！ おしゃべりの底力《そこぢから》
日本人《にほんじん》の会話《かいわ》の非常識《ひじょうしき》

2015年 1月27日　第1刷発行
2018年 3月 9日　第2刷発行

著者　堀尾正明《ほりおまさあき》
©Masaaki Horio 2015,Printed in Japan
発行者　渡瀬昌彦
発行所　株式会社 講談社
〒112-8001
東京都文京区音羽2-12-21
電話　編集　03-5395-3522
販売　03-5395-4415
業務　03-5395-3615
造本装幀　岡 孝治
著者写真　渡辺充俊
印刷所　慶昌堂印刷株式会社
製本所　株式会社国宝社

本書のコピー、スキャン、デジタル化等の無断複製は著作権法上での例外を除き禁じられています。本書を代行業者等の第三者に依頼してスキャンやデジタル化することはたとえ個人や家庭内の利用でも著作権法違反です。

複写を希望される場合は、事前に日本複製権センター（電話03-3401-2382）の許諾を得てください。

Ⓡ〈日本複製権センター委託出版物〉

落丁本・乱丁本は、購入書店名を明記のうえ、小社業務宛にお送りください。

送料小社負担にてお取り替えいたします。

なお、この本についてのお問い合わせは、第一事業局企画部宛にお願いいたします。

ISBN978-4-06-219326-9
定価はカバーに表示してあります。
JASRAC出1416905-802

講談社の好評既刊

齋藤　孝
齋藤ゼミ「才能」に気づく19の自己分析
「毎年、学生たちがこの本に出てくる質問で、どんどん変わっていきます」授業でしか受けられなかった「成長のための特効薬」初公開
1300円

竹内久美子
騙し合いの法則
生き抜くための「自己防衛術」
人はなぜ人を欺くのか——。動物行動学研究家の著者が、イカサマやペテンがはびこる現代の人間の「悪」の本性を解き明かした快著
1300円

佐藤　優
荒井和夫
新・帝国主義時代を生き抜くインテリジェンス勉強法
国際政治から経済まで、2人の〝情報〟のプロフェッショナルが、「いまそこにある危機」を徹底討論。日本人が生き残る秘策が明らかに
1400円

松浦弥太郎
もし僕がいま25歳なら、こんな50のやりたいことがある。
「暮しの手帖」編集長で人気エッセイストの松浦さんが、夢をもてない悩める若者たちに贈る、人生と仕事のヒントに満ちた一冊
1300円

鎌田　實
こわせない壁はない
人生が新しくなる33の心得
がんばりすぎてパニック障害になった著者の鎌田医師をはじめ、人生に立ちはだかる壁のいろいろなこわし方を33の実例を交えご紹介
1200円

鈴木真美＋
ＮＨＫ取材班
島耕作のアジア立志伝
島耕作に学ぶ「日本が世界で勝つ」もうひとつの方法！　波瀾万丈の人生を乗り越えて、夢を実現したアジア経営者が語る成功の秘密
1400円

表示価格はすべて本体価格（税別）です。本体価格は変更することがあります。